増補・改訂版

青森の逆襲

〝地の果て〟を楽しむ逆転の発想

福井次郎

言視舎

改訂版のためのまえがき

『青森の逆襲』が世に出たのは２０１１年の7月のことだった。東日本大震災から数カ月後だ。早いもので、あれから5年が経過した。その間内容が現状にそぐわない箇所があちこちに出てきて、改訂版を出したほうが良いという話が持ち上がった。

ただ、改訂版を出すといっても、初版が持っていた味わいを消してしまっては意味がない。全く別な本になってしまう。だから構成は初版のままとし、訂正、削除で改訂を行ない、また部分的に増補することに決めた。さらに、5年間で変化があったことについては、注という形で補足することにした。

思い返せばこの本が出てからずいぶんお叱りの言葉をいただいた。調べ方が足りない、記述が弘前に偏っている、エトセトラ。

改訂版を出すに当たって、そうした批判に応えるよう大幅に書き換えたつもりである。どこをどう書き換えたかは、読んで確認していただければと願っている。ただ結果として批判に応えることができたかどうかは私が判断することではない。

そもそもこの本は、「一日で青森県の全体像が把握できる」というコンセプトで書かれた青森紹介本だった。部分にこだわって内容を深化させようとすると、やはり別な本ができてしまう。だから書き換えはしたが、体裁は初版のままである。きっと、ある時代の青森の証言となっていればそれで良いのだと思う。

いずれにせよ、この本が消滅しないで生き残ることは書き手にとって望外の喜びである。これも、読者のおかげと心より感謝する次第である。

プロローグ　ないないづくしの青森

『ワンピース』のアニメ映画が初めて上映されたのは今から16年以上も前の話である。その時、私は子どもを連れて50キロ離れた青森市の映画館へ車を走らせた。有料駐車場に車を止め、子どもの手を引いて上映時間ぎりぎりに映画館の中へ入った時、私は中がガラガラであることを知って拍子抜けした。混雑のために座れないのではないかと思っていたからだ。

後から考えると、それは不思議なことではなかった。当時『ワンピース』は、青森ではあまり知られていないアニメだったからだ。というのも、その時青森では『ワンピース』がテレビで放映されていなかったのだ。当時私の子どもは、それをビデオ屋から借りて見ていたのである。

テレビの話をすれば、青森では、テレビ放送が始まってからかなり長い期間民放は一つしかなかった。日本テレビ系列のＲＡＢである。そのため、若者に青森で暮らす不便についてアンケートを取ると、かならず「見たい番組が見られない」というのが上位にあがったものだ。今でこそ民放も

3局となり、BS放送もたくさん見られるようになったが、それでもフジテレビ系列はまだ見ることができない。

もっとも青森の放送局が、東京でヒットした他局の番組を買って流すことはあった。しかしその場合、かなり時間が経ってから放映されるのが常だった。私が東京に住んでいた頃、青森に帰省してテレビをつけると、そこに3カ月ほど前に東京で見た番組が流れているということがよくあった。そんな時は、やっぱり「青森は遅れているな」と感じたものである。

同じことは本についても言える。『ワンピース』の単行本が刊行されても、かつての青森ではすぐには手に入らなかった。あらかじめ注文する場合は別だが、小さな書店の店頭に並ぶのはかなり後になるからだ。と言うのも、一部の大きな本屋は別として、ベストセラー本は大都市優先で配本されるからだ。東京で売れ残った後に町の小さな書店に回ってくるのだ。ところが、やっと書店に並んでも、今度はすぐに売り切れて、再注文ということになる。そうなるとさらに2週間待たねばならない。今でこそ本もネットで買え、簡単に手に入るようになったが、昔は本一冊入手するのも大変だった。


セブンイレブンがこの世に登場したのは私が大学生の時だった。その時私は東京にいた。

「セブンイレブン、いい気分。開いてて良かった」

このセブンイレブンが最初に流したコマーシャルを私はリアルタイムで見ている。

……7時から11時までやってるなんて便利な店ができたものだ。

そう思って青森に帰ってくると、セブンイレブンはなかった。コンビニはしばらく経ってからできたが、本家本元のセブンイレブンがないのである。

吉野家もそうだ。東京にいる頃、しょっちゅう吉野家の世話になったが、青森に帰ってくると、その世話にはならなかった。吉野家がなかったからだ。吉野家が青森にやってきたのは、青森に帰ってだいぶ経ってからである。

（注：２０１５年6月、ついに青森にセブンイレブンが開業する運びとなった。実に創業から42年目のことだ。今後2年間で１００店舗を目指すとのことである。ちなみに２０１２年にサブウェイが青森にできた時、２チャンネルに「地下鉄がないのにサブウェイができるとは」という書き込みがなされ笑いを誘ったのを覚えている）

子どものことで言うならば、青森には遊園地もない。昔、浅虫温泉に「キディランド」という小さな遊園地があったが、今は潰れてしまった。

浅虫温泉には水族館があるのだが、キリンを見るためには、今も盛岡まで車を走らせねばならない。だから**青森の人間にとっては、子どもが中学に入る前に家族でディズニーランドに行くことが人生の一大事業となる**。それは巡礼に匹敵するような行事だ。家族総出でディズニーランドに出向くと、ホテル代を含めれば何十万円もかかるからだ。

子どもから大人に話を振ると、青森には寄席もないし、吉本新喜劇もない。歌舞伎や能も見られない。プロ野球も、プロサッカーも見ることができない。嵐やＡＫＢ48の公演も見ることができない。メイド喫茶は言わずもがなだ。終電は夜の10時前後なので、一次会で帰らなければならない。もちろんディスコはない。

ディスコがないといえば、昔、吉幾三がヒットさせた「俺ら東京さ行ぐだ」を思い出す。ディスコがないというのは3番の歌詞だが、1番の出だしは次のように始まる。

「テレビも無エ、ラジオも無エ、自動車もそれほど走って無エ、ピアノも無エ、バーも無エ、巡査毎日グールグル」

ここまでくると、ちょっとそれはないでしょうと言いたくなるが、確かにあの歌がヒットした頃の津軽半島と言えば、「なんにもない」という感じであった。私はこの歌をパチンコ屋で初めて聴いたが、聴いた瞬間に青森県人の歌だとわかった。そしてなぜかわからぬが涙が出てきた。その時パチンコ台に何万円も突っ込んでいたからかもしれない。

このように、青森は遅れている。はっきり言って後進県だ。開発途上どころか、今は人口減少のため開発後退県だ。平均賃金も、平均寿命も最下位に近い。青森の人間は、さまざまなハンディを背負って生きている。

そんな青森に生まれてずいぶん時間が経った。途中、10年ほど東京で暮らしたが、今はまた青森に戻って生きている。いずれこの地で死を迎えるだろう。

しかし結論を先に言うと、いろいろ不便もあるが、それにも増して私は青森を愛している。長くここに住んだからと言えばそれまでだが、この地以外で暮らすことは考えられない。なぜなら青森には、都会の人間には知られていない、素晴らしい秘密がたくさんあるからだ。

この本は、そんな生粋の青森人が、青森で生きることの少しばかりの哀しさと、大いなる素晴らしさを同時に語った本である。

目　次

第3幕　ほらほら青森の幸せ

第1幕

やっぱり青森は不幸か

我が哀しき故郷、青森

僕の恋人　東京へ　行っちっち
僕の気持を　知りながら
なんで　なんで　なんで
どうして　どうして　どうして
東京がそんなに　いいんだろう
僕は泣いちっち　横向いて泣いちっち
淋しい夜は　いやだよ
僕も行こう　あの娘《こ》の住んでる　東京へ

これは、昭和34年に守屋浩が歌ってヒットした「僕は泣いちっち」（作詞　浜口庫之助）の歌詞である。その頃私はまだ幼児だったが、この歌のメロディは、今でも口ずさむことができる。それほど印象が強い歌だったのだろう。

それから46年経って、映画『ＡＬＷＡＹＳ　三丁目の夕日』をテレビで観た時、私は思わず声を上げてしまった。

この映画は、もくもくと煙を吹き上げる集団就職列車が疾走するシーンから始まる。堀北真希演ずる主人公が、上野に着いて駅に降り立つと、背景にＣＧで制作した昔の上野駅が映し出される。それは昔の上野駅の映像だ。そのシーンを目の当たりにした時、いきなり何かが胸にこみ上げてきた。

「懐かしい」と思った瞬間、私の涙腺が緩み、やはり涙があふれ出た。というのも、私自身、かつて一度集団就職列車を見送ったことがあったからだ。

私の父は中学の教員だった。その父が、私を集団就職列車の見送りに連れて行ったことがあった。その時私は小学生で、その列車が集団就職列車であることを知らなかった。しかしその時の光景は今でもおぼろげながら浮かんでくる。

駅のホームには人があふれ、見送りの人がテープを持った車内の中学生に話しかけていた。その中学生といえば、まだあどけない顔をして、泣く者もいれば、笑顔の者もいた。ホーム中に飛び交う励ましの言葉、そしてすすり泣き。騒然とした雰囲気の中で汽笛が鳴ると、列車は力強く北国の駅を出ていった。

その後、駅を後にした父の目から涙がこぼれ落ちたのを覚えている。普段は鬼のように怖い親父であったのに。

子ども心に、これは何か特別な「別れ」なのだと感じた。「十五の春」を迎えた若者は、こうして都会に旅立ち、上野駅を目指したのである。今、その上野駅の広小路口を出ると、そこには、井沢八郎の「あゝ上野駅」の歌碑がある。

どこかに故郷の　香りをのせて
入る列車の　なつかしさ
上野は　おいらの　心の駅だ
くじけちゃならない　人生が
あの日ここから　始まった

関口義明作詞のこの歌は、今聴いても胸がキュンとなる昭和歌謡の名作だ。

この歌を歌った井沢八郎（本名　工藤金一）は、女優の工藤夕貴の父であり、青森県弘前市の出身だ。中学卒業後、単身上京し、東海道新幹線が開通した64年にこの歌をヒットさせた。彼の再婚の妻である工藤美代子さんが、２００９年に出した回顧録『素顔の井沢八郎とともに』（文芸社）によれば、井沢はデビュー当時、言葉に訛りがあるので、マネジャーから「しゃべるな」と言われたそうだ。

この件について、弘前の地方新聞である陸奥新報のインタビューに答えて彼女は次のように語っている。

「でも本当はすごくおしゃべりで、亡くなるまで訛りが取れなかった。素朴で純朴な東北の人だなと感じる」

「訛る、一見無口、しかし本当はよく喋る」というのは、青森人を理解するキーワードである。このことについてはあとでゆっくり触れるが、東京に出たばかりの青森の人間は、誰でも沈黙から都会生活を始めなければならない。人に何かを伝えようとしても、訛ると馬鹿にされるからだ。だからつい黙ってしまう。これは、青森の人間が誰でも経験する辛さだ。

集団就職列車で東京に出た永山則夫が、連続射殺事件を起こしたのは、「あゝ上野駅」のヒットからさらに4年が経過した68年のことだった。私はその時中学生になっていた。そして彼をモデルとした新藤兼人の映画『裸の十九才』を観に行った。

この映画は、集団就職で東京に出向いた若者にとって、東京で生きることがいかに困難なことかを伝えた映画だった。貧困と無知の中で育った永山は、訛りが激しく、都会では無口な青年として生きる。そして生活に行き詰まり、結果、無差別殺人事件を起こしてしまうのだ。

実は永山は、生まれは北海道だが、5歳の時から青森で過ごし、15歳で東京に出た少年だった。

それにしても、あの映画に描かれた青森は、なんと暗い世界なのだろう。どこがどう暗いか今は議論したくない。ただ他県の人には、青森はあのように映っているのだろうか。映画館を出た時、私はため息をつきながらそう思った。

ところで、集団就職列車の一つに急行「津軽」という夜行列車があった。当時東京までは12時間以上かかったように記憶している。その列車には、寝台車の他に二等座席車両があり、二等座席車両はいつも人でごった返していた。特に盆暮れになると、そこは出稼ぎの労務者であふれ、別名「出稼ぎ列車」とも言われていた。車内は煙草の煙が立ちこめ、コップ酒と、酒の肴のにおいが充満していた。今は乗りたくないが、それは人生の縮図を感じさせる列車だった。

▼「出稼ぎ」をめぐる記憶

この出稼ぎというのも、かつては青森の代名詞となる言葉だった。

「三ちゃん農業（おじいちゃん、おばあちゃん、おかあちゃん）」という言葉が流行したのは60年代の話だが、青森はその状態が70年代も続いた。

私の周囲でもたくさんの人が出稼ぎに出向いたが、私自身、出稼ぎについては忘れられぬ思い出がある。それは高校1年の時、年末に郵便局のバイトをした時の記憶だ。その時私は書留の配達を任された。年賀状と違って、書留の配達というのは、数は多くないが、一日に何十キロも雪道を自転車で走り回らねばならない仕事だった。

吹雪の中、自転車を走らせるのは危険極まりないことだと思うが、諸般の事情で、今でもこのアルバイトには自転車が使われている。その時も何度も雪にはまってバランスを崩し、自転車を乗り捨てたくなった。それでも我慢して配達して回ったが、大晦日の日に、最後の1通が夜6時を過ぎても残ってしまった。その日は午後から吹雪となり、体はすっかり冷え切っていた。

紅白歌合戦が始まる時間に家に戻れないかもしれない。

そう思いながら、焦って届け先に向かったが、目的地は、なんと町のはずれにある山の集落だった。吹雪いているうえに街路灯もなく、闇のためにどこがどこだかわからない。表札も見えないので、行き当たりばったりに戸を叩き、その家の所在を聞いて回った。そしてやっと家を見つけたのは夜の7時過ぎだった。

「ごめんください。書留です」

私がそう言った瞬間、家の中から家族全員の歓声が聞こえてきた。

その一家は、実は出稼ぎに行った父親からの送金を、今か今かと待ち構えていたのである。出てきた母親の目には、うっすら涙が浮かんでいた。それは私には意外なことだった。手紙を届けて泣かれるなんて。

今思えば、あの家族は、首を長くしてその金を待っていたのだろう。母親のほうは気が気でなかったに違いない。父親が送金してくる保証はないからだ。きっとその一家は、当てにしていた金が届いて、やっと年を越すことができたに違いない。

その金を渡した後、私は自転車を引いてゆっくりと闇の山道を下っていった。その間、雪が肩に積もっていた。しかし私の心は形容しがたい平安に満たされた。夜の静寂の中で、私の心に、吹雪でも消すことのできない灯火が灯ったのである。その記憶は今も温もりとして心の中に残っている……。

実際には父親がそのまま家に戻らず行方不明になるケースも多く、そんな家では母親も家出し、老人と子どもだけの家庭ができる。そしてその子どもたちは、今度は学校で暴れることになる。70年代は、田舎の中学校で校内暴力が吹き荒れた時代だった。

生まれた時から　いなかった
父ちゃんはどこ行った
気付いた時には　かあちゃんも
俺を残して　消えちゃった
父ちゃん　母ちゃん
どこにいる
ばあちゃん　近頃寝込みがち
畑じゃ草が伸び放題
金を送れよ

金を送れよ

がきの頃から　悪たれで
ばあちゃんを困らせた
気付いた時には　学校も
俺を余して　投げ出した
父ちゃん　母ちゃん
どこにいる
ばあちゃん　まもなくあの世行き
誰が墓石建てるのか
金を送れよ
金を送れよ

テレビに出ていた　浮浪者が
父ちゃんに似ていると
涙を流した　ばあちゃんが
俺は哀れで　たまらない

父ちゃん　母ちゃん
どこにいる
ばあちゃん　死んだらこの俺も
この家捨てていなくなる
金を送れよ
金を送れよ

これは、今から26年ほど前に、私が日本作詞家協会に所属していた頃に書いた詞である。非常に稚拙で恥ずかしいが、作詞家の先生から、最後のフレーズが効いていると褒められた作品だ。作詞家協会には、弘前市在住の作曲家オトベ司さんの紹介で入会させてもらったのだが、２００曲くらい書いたものの、才能がないことがわかったので2年で退会した。

▼町へ出ていった人びと

話を元に戻すが、私が郵便配達のアルバイトをした年に、寺山修司が『書を捨てよ、町へ出よう』という映画を公開した。その頃寺山は、伝説の劇団「天井桟敷」を旗揚げしたばかりで、マルチアーチストとして世間の注目を浴びるようになっていた。永山則夫批判なども展開し、永山も獄中から寺山批判を展開するなど、当時、訛り丸出しの青森県人二人が世間を騒がせていた。

　　ふるさとの訛りなくせし友といてモカ珈琲はかくまでにがし

これは啄木の歌をもじった寺山の歌である。

その寺山を私が初めて知ったのは、高校二年の時だった。彼が青森で『邪宗門』の公演を打つため、青森の高校生に動員をかけたのである。私は当時演劇部員だったので、公演を手伝う助っ人にならないかと人づてに声をかけられた。残念ながら、私はその話に乗らなかった。もし乗っていたら、彼の『家出のすすめ』に従って、そのまま「天井桟敷」の座員になっていたかも知れない。幸か不幸か私は大学に進み、今度は東京で何度も寺山に会うことになった。

学生時代、私は寺山の映画、写真展、演劇、講演にたびたび足を運んだ。寺山を特に好きだったわけではないが、とりあえず演劇にはまっていたからである。そして彼の映画である『書を捨てよ、町へ出よう』と『田園に死す』を新宿のアートシアターで観ることになった。

それにしても、彼が描くあのおどろおどろしい青森の映像、あれは一体なんなのか。寺山にとっての青森とは、恐山の風車《かざぐるま》と古い農家の柱時計なのか。**それは私がイメージする青森とはあまりにかけ離れたものだった。**

しかも寺山は、私が一時バイトしていた渋谷のパブレストランの常連でもあった。彼はそこにいつも新高恵子と一緒にやってきた。新高恵子は、寺山と同じ青森高校出身である。その時寺山は、いつも新高恵子を笑わせていたが、あまり酒は飲まなかった。

その寺山が事件を起こしたのは、私がそのバイトを辞めた後のことだった。無断住居侵入の疑いで捕まったのである。彼が事件を起こした場所は、私が住んでいたアパートから100メーターも離れていないところだった。それまでも、天井桟敷は野外劇と称して一般家庭に無断で押し入ったり、紅テントの唐十郎と乱闘事件を起こしたりして世間を騒がせていた。私にとっては、どこまでも彼は謎の男だった。

そんな私が就活で出版社を受けた時、面接官が寺山修司をどう思うと聞いてきた。でも私は何も答えられなかった。彼に対してどのような評価をすべきかわからなかったからである。結局その出版社の入社試験に落ちて、私は神奈川県の教員に採用された。そして私が教職についた3年後、つまり私が神奈川を引き上げて青森に帰ってきた年に、寺山は死んだ。

ところで、私が青森に帰ってきた翌年に青森県の人口はピークを打った。

青森県の人口は、1920年代に約75万人いたが、その後増え続け、1985年前後に最高となり150万人となった。この間、一度だけ減少したことがあったが、それは昭和40年前後のことで、これは集団就職と出稼ぎによるものと推定できる。

85年以降、人口は減り続け、今は約130万人である。人口減少は青森だけの問題ではないが、今後も青森の人口は減り続ける見通しである。高校卒業と同時に若者が皆県外に出て行くからだ。そして県内の都市の中心街は空洞化が著しい。一生懸命子どもを育てても、かなりの子どもが青森に残らない。仕事がないからである。

そして２００８年、秋葉原で事件が起こった。無差別殺傷事件である。犯人は青森高校出身の青年だった。この事件については、今は何もコメントしたくないが、それにしてもなんという符号だろう。集団就職、永山則夫、寺山修司、秋葉原事件……。

（注：読者のみなさんは、いきなり暗い話ばかりで嫌になり始めていないだろうか。でも、そこは心配しないでいただきたい。明るい話は後で出てくる）

最果ての地、青森

２０１６年３月、新幹線が津軽海峡を渡る。ちなみに新幹線が青森までできたのは２０１０年のことである。東海道新幹線が開通してから46年、計画が発案されてから40年目の快挙だった。これにより東京まで3時間ちょっとで行けるようになった。**もはや青森は辺境ではない**。それにしても、よくぞここまで時間がかかったものだと思わざるをえない。それだけ青森は日本の中心から離れているということだろう。

▼津軽VS南部

ご存じのように、青森県は本州の最北端にある。本州は「表日本」と「裏日本」に分かれるが、この「表日本」と「裏日本」が一つに合体したのが青森県である。

今「表日本」と「裏日本」が一つになっていると言ったが、それは行政区画上そうなっているのであって、かならずしも一つではない。青森県では、「表日本」を南部、「裏日本」を津軽と言い、江戸時代までは二つの国に分かれていた。その境目の場所に、二つを繋ぐように青森市が位置している。

南部と津軽は、言語、歴史、風土、経済、すべてが異なっている。南部と津軽の間には八甲田山が聳え、簡単には往来できない。南部の八戸は雪が降らないわけではないが、津軽が大雪の時は晴れている。夏は逆に、津軽が晴れていても南部はオホーツク海からの冷たい風（ヤマセ）のために霧に覆われることが多い。農業も、津軽が稲作とりんご、南部は畑作と畜産中心だ。都市の性格も、工業・港湾都市である南部の八戸、学術都市である津軽の弘前と、大きな違いがある。

言葉について言えば、**南部弁**と**津軽弁**はあまりに違うので、互いが方言で話すと全く通じない。南部弁は津軽弁に較べて穏やかな言葉で、南部の人に、津軽の人が話しかけると喧嘩を売っているように聞こえる。

また津軽弁も、弘前の市部、弘前周辺、五所川原を中心とした西北、そして青森市は異なっている。非常に音楽的で美しいのは、やはり弘前の旧市内で話される城下町言葉だ。しかし今は、どこの地域でも昔ながらの津軽弁を話せる人は少なくなっている。

一方南部も、八戸、上北、下北では微妙に言葉が異なっている。特に下北では、南部弁と津軽弁と会津弁が混じり合った「**かさまい弁**」という言葉が話される。松山ケンイチは下北出身なので、津軽弁を話すわけではない。彼を使う監督はそのことを頭に入れるべきである。

よく青森県を舞台としたドラマを見ると、このことが理解されていないためにおかしなことになる。特に南部が舞台なのに津軽弁が話されたりすると、とたんに白けてしまう。

そんなわけだから、青森県には南部と津軽の対立というものがある。これは青森県が克服しようとしてなかなか克服できない問題だ。青森県では知事が代わるたびに、南部人事と津軽人事が繰返される。まるでアメリカの大統領が代わるたびに首がすげ替えられる猟官制と同じだ。特に意識の底に沈殿する歴史的な怨恨の記憶は、今も尾を引いている。

もともと北東北は、中世以来さまざまな豪族が住み着き、あちこちを支配していた。特に平泉を拠点とする奥州藤原の勢力は絶大だったが、これを源頼朝が制圧した際、甲斐源氏の流れを汲む南部光行が大活躍をする。その功で、彼は盛岡以北の地を授けられ、それが南部の領地となった。

光行が最初に住んだのは、八戸市の西南に位置する南部町で、そこに平城を築いた。光行がなぜ南部町に居を構えたかといえば、おそらく北上川を北上したところで馬淵川に出会い、そこを下った盆地で止まったからだろう。そこから北は台地が続き、あまり農業に適さない土地となる。南部町から八戸市と五戸町に向かって道が分かれるが、光行の息子が分家として現在の八戸市と三戸町に居を構えた。

南北朝時代に入ると、甲斐国の地頭職であった南部師行が八戸にやってきて光行の子孫の養子となる。そして八戸市の西、馬淵川の河岸段丘に城を築いた（注：この城は根城と呼ばれ、国指定史

上　津軽為信銅像
下　堀越城跡（為信旗揚げの地）

跡として復元され一般公開されている)。

ところで、その頃津軽では、あちこちに豪族が割拠していたが、ほどなく南部の一族は、そうした豪族を攻め落として津軽を平定する。ちょうどその頃、南部氏の居城「聖寿寺館」(国指定史跡で現在発掘調査中)が全焼、24代晴正の時に南部氏は三戸町に城を築いた。時は戦国時代の最中であった。ちなみに三戸城は、小さな盆地の中央を流れる川横の、小高い山の上にある。

その頃、南部の一族の末裔とされる津軽為信が、南部の出城を次々と落城させ、ついには津軽の独立を達成する。こうして南部も津軽も、豊臣秀吉から朱印状を授かることになったが、今度は南部でお家騒動が発生した。九戸政実という南部氏の出城の城主が、南部の当主、南部信直(26代)に対して叛旗を翻したのである(注:九戸城は岩手県二戸市にある)。

この時津軽為信は、秀吉の命で九戸政実征討に参加し、南部衆の顰蹙を買った。逆賊がお家騒動に干渉し、秀吉の信任を得たからである。

この後、南部氏は盛岡に拠点を移し、江戸時代にいたる。津軽も南部も外様大名として生き残った。

江戸時代初期、盛岡藩主・南部重直が嗣子を定めず病没したため、幕府の命で遺領10万石が重直の2人の弟に分割された。その結果、南部藩は盛岡藩(8万石)と八戸藩(2万石)に分離した(注:八戸藩の居城は根城とは別な場所に建っている。根城はこの時点で既に廃城となっている)。

その後、弘前藩は檜山騒動と呼ばれる境界線紛争で南部の領地を獲得し、盛岡藩主の恨みをさらに買った。また文政年間になると、弘前藩主はロシアの南下に対応するため北方警備を命じられ、従四位下に叙任されて石高も10万石となった。

江戸幕府のこうした津軽藩優遇に対する憾みを晴らそうとしたのが、江戸末期の「相馬大作事件」である。これは盛岡藩を脱藩した下斗米秀之進という志士が、江戸から帰国の途についた津軽藩主を暗殺しようとして失敗した事件だ。秀之進は、その後相馬大作と名乗って江戸に逃げるが、江戸で捕まり処刑された。この事件は講談でも取りあげられ、「みちのく忠臣蔵」として一時世間を騒がせた。

このように、江戸幕府によって厚遇された弘前藩であったが、それは幕府の外様大名対策の一環であったといえる。津軽を徳川の身内にして、他の外様の動きを牽制しようとしたのだろう。ところが幕末の戊辰の役では、津軽が寝返って官軍側についてしまう。一方南部は、最後まで徳川に忠義を尽くしたため、津軽の侍が南部藩の馬門村（現野辺地町）を襲撃するという事件が起こった。これを馬門戦争といっているが、この津軽の裏切りを今でも南部の人は忘れていない。

いきなりわかりづらい郷土史の話をしてしまったが、これにはいささか訳がある。

他県の人が青森県を知ろうとすれば、ここに二つの国があることを頭に入れないと、とんだ失敗を犯すことになりかねないと言いたいのである。

加えて私は、津軽、しかも弘前近郊の生まれである。これから青森県の話をするのだが、私自身が津軽出身なので、記述はどうしても津軽に偏らざるを得ない。できるだけ青森県全体のことを語るつもりだが、公平に記述することには無理がある。それは東京の下町に生まれ育ちながら、山の手のことを語るようなものだからだ。そのことをあらかじめ知ってもらったうえで、この本を読み進めていただければと思う。もっとも筆者は、青森県の全市町村を走破済みであることは明言しておく。

▼青森と青函連絡船

さて、青森県は南部と津軽という二つの国が合体した県であることはわかった。そして現在、南部の中心は八戸市であり、津軽の中心は弘前市となっている。では、県庁所在地である青森はどのような町なのか。

能の謡曲に「善知鳥」というのがある。死んだ漁師の霊が妻子に会うため降臨するという物語だ。これは現在の青森を舞台としているといわれ、青森には善知鳥神社がある。

青森市は青森県でも有数の豪雪地帯にあり、明治までは小さな漁港にすぎなかった。青森から40キロほど東に向かうと野辺地町があるが、南部藩の陸奥湾に面した港は江戸時代まで野辺地にあった。そこから江戸に木材などを運んでいたのである。

ちなみに青森に港を築いたのは、津軽藩二代藩主、津軽信牧である。だから青森は南部弁ではなく津軽弁を話す。この青森が廃藩置県の際に、八戸と弘前の中間にあり、しかも北海道に向かう中継地となるという理由で、県庁が置かれることになった。最初は、青森県は弘前県と八戸県（その後二回名前が変わっている）に分かれていたが、途中から青森県となり、津軽と南部が合体したのである。以来、青森は県都として現在に至っている。

この青森が日本においても重要なポジションを占めるようになったのは、何といっても青函連絡船ができてからである。青函連絡船は、１９０８年から１９８８年まで本州と北海道を結び、利用者は１９７３年に５００万を数えた。これだけの人が青森駅に降りたので、青森市は大いに栄えたのである。その後航空機とフェリーの利用の増加により利用が減少、最末期には年間約２００万人に減った。

この青函連絡船といえば思い出すのが、１９５４年の「洞爺丸」事故である。この時は台風の到来によって洞爺丸の他４隻が沈没、あわせて１４３０人の犠牲者を出した。そしてこの洞爺丸事故を題材として書かれた小説が、水上勉の『飢餓海峡』であり、それを映画化したのが内田吐夢監督の『飢餓海峡』（１９６４）だった。

私はこの映画を、大学の時、銀座の並木座で見たが、濃淡を強調したモノクロ画像と三國連太郎と左幸子の名演を忘れることができない。三國は、追い詰められた悪人が善人を装う二面性を見事に演じ、左は、田舎の女が持つ純朴さとエロスを同時に表現した。ちなみに私の母は、この映画のロケが行なわれた青函連絡船にたまたま乗り合わせ、三國連太郎が海に飛び込むシーンの撮影を目撃した。母の話では、その撮影では三國に模した人形が二体海に放り投げられたそうだ。
ところで青函連絡船といえば、第二次大戦末期、空襲により全連絡船12隻が被害を受けたことも忘れられない。この時は青森も空襲で壊滅的な被害を受けた。

現在青森は、行政都市、商業都市、交通中核都市として重要な役割を担っている。距離でいえば、東京から約750キロのところだ。東京から750キロといえば、西では岡山あたりである。東京人にとって、かつて青森は北海道より遠かった。なぜなら北海道に向かう人は飛行機を使うからだ。その青森に新幹線がやってきた。だから今は北海道より近い。そして東京から国道4号線を北上し、新潟から国道7号線を北上すると、青森市で二つの国道は出合う。しかしこれで終わりではない。青森市から二つの半島に向けて道路が延びているからだ。津軽半島に向かえば竜飛岬、下北半島に向かえば大間崎で行き止まりとなる。

▼下北半島

青函連絡船はなくなったが、今でも青森から下北半島に向けて船が就航している。その船は運が良ければイルカを横目に、下北半島の脇ノ沢村（現むつ市）に到達する。北限のニホンザルの生息地として有名な村だ。

今北限のニホンザルといったが、下北半島は本州最北端で北海道と陸地が分断されていることから幾つかの生物の北限地となっている。いわゆるブラキストン線で、ニホンザルの他、ツキノワグマやニホンカモシカの北限地となっている。

脇ノ沢村は主に冬の鱈漁で有名だが、村から鯛の形をした島（鯛島）が見え、民宿が何件かあり、夏場は釣り客で賑わっている。

私は中学二年の時に初めてこの村を訪れ、教育映画のロケに同行した。津軽の少年が、親戚の漁村でイカの天日干しを手伝うというシーンの撮影のためである〔『津軽の子ら』（一九七〇、英映画）〕。二日ほど民宿に泊まったが、北限のニホンザルに餌を奪われたり、釣れたままの小魚が入った味噌汁を食べたり、いろいろと衝撃的な体験を積んだ。海岸では、分校の先生が授業時間に生徒と一緒に釣りを楽しんでいる光景を見て、「なんて平和」と感じたのを覚えている。

この脇ノ沢村の東隣に位置するのが川内町である。この川内町は漁師町だが現在は下北ワインで有名な町となった。山のほうに湯ノ川温泉という温泉があり、そこは映画『飢餓海峡』のロケ地となった場所である。映画の中で三國連太郎と左幸子が出会うシーンはそこで撮影された。さすがに映画が撮影された時と違って、今では近代的な温泉旅館が建っており、トロッコもない。なおそのロケに同行した地元の人の話では、ロケの最中、左幸子は自分の口でタバコに火を点け、それを三國連太郎に渡していたそうだ。

脇ノ沢村は、いわゆるまさかり半島の刃の部分の南端にあるが、まさかりの刃の部分は、南の脇野沢村から北の大間町まで約60キロ近くある。そしてその間に位置するのが佐井村だ。佐井村は名勝「仏ヶ浦」で有名だが、青森県無形民俗文化財指定されている福浦歌舞伎を伝承する村としても知られ、円空作の木彫十一面観音立像を見ることもできる。しかし住民は２１００人しか住んでいない。60キロの間に、わずか２１００人（２０１6年推定）である。

今から30年ほど前に、その60キロの砂利道（注：現在は舗装されている）を大間から脇野沢まで車で走ったことがあったが、途中でガソリンが足りなくなり、ガソリンスタンドを探したが見つからず、冷汗をかいたことがあった。結局小さな集落の民家でガソリンを分けてもらい、なんとか危機を脱したが、もしその前にガス欠になっていたらとんでもないことになっていたろう。

その集落から仏ヶ浦に至る山道は、まさに海のアルプス、絶景に継ぐ絶景の連続だ。途中、ロッククライミングで有名な縫道石山が見えるが、そこはキザキナナカマド等国の天然記念物が生育し、一帯の山地は、国指定の鳥獣保護区（稀少鳥獣生息地）となっている。この道は、陸上自衛隊によって整備されたが、霧が深い時にこの道を通ると生きた心地はしない。当時は佐井と脇野沢の間は冬期間道路が不通だった。冬になればまさに陸の孤島である。以前は急病人が出たら、青森まで船で運ばねばならなかった。

あそこにも　みちはあるのだ　頭垂れ　ひとひとりゆく　猿がなく浜

ここで紹介するのは、青森県黒石市が生んだ口語詩人、鳴海要吉の詠んだ歌である。この道の途中にこの歌碑が立っている。

黒石の商家に生まれた要吉は、小学校の教諭として下北の小学校に赴任し、地方新聞に詩を投稿する生活を送った。この間、ローマ字とエスペラントの普及に努めたが、これが原因で官憲から目をつけられ、免職処分の憂き目に合う。共産党と関係があると見なされたのだ。その後薬の行商で糊口をしのいだ後、上京してローマ字社に勤務し、そこでローマ字詩集『TUTI NI KAERE（土にかえれ）』を刊行した。これは昭和14年のことで、詩集の序文は島崎藤村が書き、田山花袋が推薦文を新聞に載せた。その詩集の出だしは次のような一文で始まる。

諦めの旅ではあつた　磯の先の　白い燈台に　日が映して居た

この一文を刻んだ石碑が、やはり下北半島の尻屋崎の灯台の横に立っている。尻屋崎は半島の北東端、下北丘陵の終端部にある。むつ市から津軽海峡に出て、海岸線の道路を東に進み、やがて現れる石灰石の採掘場を過ぎたところが岬だ。晴れた日はそこから北海道が見えるが、一帯は痩せた草地ながら、景勝地としても優れている。そこで見ることができる農耕馬（寒立馬）が、吹雪の中、草を食む姿は胸を打つ。

尻屋崎

寒立馬

またこの尻屋崎の近くの道に迷い込むと、尻労《しつかり》という行き止まりの集落にぶつかる。私は一度、その集落に迷い込み、そこで車が脱輪して動けなくなったことがあった。その時、集落からたくさんの人が出てきて、私の車を取り囲んだ。その時私は、なぜか安部公房の『砂の女』の世界に紛れ込んだような感覚に囚われた。というのも、尻労の南に8キロに及ぶ砂丘が横たわっているからである。そのままそこから帰れなくなるような気がしたのだ。幸い村人は脱輪した車を道路に戻し、私を助けてくれた。

ちなみに佐井村からむつ市の北に位置する大畑町までを北通り、脇ノ沢からむつ市までを西通り、そしてむつ市の東に位置する東通村の太平洋側を東通りと呼んでいる。これが、半島のまさかりの部分を形成しており、かつてはまさかり全体が辺境の地であった。道路は狭く、舗装もされない箇所が何カ所もあったからだ。だから鳴海洋吉の時代であれば、まさに地の果てと言ってもよい土地だったろう。

なお半島の北西端は本州最北の大間崎であるが、大間町は、映画『魚影の群れ』（1983、監督相米慎二、主演緒形拳・夏目雅子）とNHKの朝の連ドラ『私の青空』以来、マグロの町として全国的に知られるようになった。ここから北海道にフェリーが就航しており、現在大間町では、フェリーが到着すると町民が大漁旗で出迎える。

なお『魚影の群れ』のロケは、ちょうど私が下北半島に住んでいた時に行なわれ、知人が夏目雅子を見にロケ地に出かけ、伝説の女優の美しさを私に語ってくれた。その夏目雅子が白血病で死んだのは、それから二年後のことである。今となってはその時駆けつけなかったことが悔やまれる。

▼津軽半島

私の生まれた町は山間にあり、記憶に残る海の光景は小学校に入ってからのものである。だから私は、幼少の頃から半島に対する憧れを抱いて育った。小学校の海浜学校で津軽半島に出向いたことがあったが、そこは岬ではなかった。だから私は、いつの日か岬に立って海を見てみたいと思って成長した。

そんな私が初めて岬に立ったのは津軽半島の北端である竜飛岬だ。そこには石川さゆりが歌った「津軽海峡冬景色」の歌碑が建っている。この歌に、「北のはずれ」という一節が登場するが、まさに竜飛岬は最果ての岬なのだ。太宰治は小説『津軽』で、次のように描写している。

ここは本州の袋小路だ。読者も銘記せよ。そこに於いて諸君の道は全く尽きるのである

実際この岬は海に立つ断崖といってもよく、津軽山地の山が、ここで突如陥没し、海の底に沈んでしまったいう感じだ。冬の岬は立っていられないくらい強い風が吹く。また、竜飛岬には日本一

狭く、日本でただ一つの階段国道があり、その道路に面して昔ながらの漁師集落が軒を連ねている。

ところで津軽半島といっても、実は陸奥湾に面した岩場の海岸、津軽山地、岩木川沿いの平野、屏風山の四エリアからなっている。

陸奥湾に面した竜飛岬に至る外ヶ浜街道沿いは、農林水産業に基礎を置くが、今後は北海道新幹線開業にともなう観光開発が期待されるエリアだ。海岸線は美しい。

一方津軽山地は、かつてひばの美林地帯（日本三大美林）だったが、今は伐採によってひば林はわずかになり、代わりに杉山に変じている。ひば林の再生が望まれるところだ。

また半島内の平野部は、もとは大きく内陸に食い込んだ湿地帯で、江戸時代に新田開発が行なわれ、現在は豊かな水田地帯となっている。

その平野と日本海の間にあるのが屏風山だ。なおこの屏風山には、江戸時代から防風林の植林と伐採を繰り返した長い歴史を持ち、現在は広大な砂丘地帯の緑化が実現してメロンやスイカの産地となっている。もっとも北端はミサイル基地となっているが。

この津軽半島を考える時、やはり冬の地吹雪のことを思い出さずにいられないだろう。この一帯は、冬は視界ゼロとなるからだ。

地吹雪というのは、地面の粉雪が舞い上がり、一面が真っ白になってしまう世界を指している。

外ヶ浜街道から見る竜飛崎方面

道の境界がわからなくなるので、車の運転はとても危険だ。正面衝突はもちろん、田んぼに突っ込んだり、川に落ちたりする。

かつて津軽半島の日本海側の農村地帯で、地吹雪で立ち往生した車の中で夜を明かした男が死ぬという事件が起こった。車が雪に埋まり、排気ガスが逆流したためだ。彼が車を止めた場所は、自宅からちょっと離れた農道であった。かように半島の冬は命がけの世界である。だから冬の間、半島の住人はじっと家の中に籠もって春が来るのを待ち続ける。

▼やはり地の果てか？

冬の間、家の中でじっと春の到来を待っていればそれでいいか、というとそうでもない。今度は話を半島から青森市や津軽の豪雪地帯に振ろう。

この地域では、雪の重みのために、毎年何軒かの家が潰れてしまう。現在問題となっているのは、一人暮らしの老人家屋の屋根雪の除雪の問題だ。除雪を頼む金のない老人は、冬の間中、家が潰れる恐怖に戦きながら暮らしている。

青森市や弘前市では、道路の除雪費が市の財政を圧迫している。そのため、除雪されない道路も多く、大雪の時は交通がマヒしてしまう。ＪＲや電車もすぐ止まり、水道管も破裂したりする。そのためライフラインの維持に莫大な時間と金が奪われる。そのうえ民家では、隣の屋根雪が自分の敷地に落ちた落ちないで喧嘩が始まる。時にはそれが裁判沙汰になったり、傷害事件を引き起こすこともある。これに嫌気がさして、退職を契機に他県に住む子どものところへ引っ越す人がかなりいる。

もちろん冬が過ぎれば暖かい春が到来する。しかし時折、青森には春が来ないことがある。すでに記したように、オホーツク海の低気圧が大きく南に張り出す時だ。この時は東から冷たい風（ヤマセ）が吹いてくる。この風が張り出してくると、特に南部地方は冷害に襲われる。

事実、南部は飢饉が多く、歴史家によれば、慶長5年から明治3年の廃藩置県までの間に、不作が28回、凶作が36回、大凶作が16回、水害が5回発生したようだ。特に天明の飢饉に際しては収穫がなしという惨状で、何万もの人が飢え死にした。また、明治以降もたびたび冷害に襲われ、そのたびに娘が売られるという悲劇を繰り返してきた。

気候が厳しいだけではない。青森県は災害も多い。たとえば地震である。阪神淡路大震災と東日本大震災が起こるまで、日本人は巨大地震といえば関東大震災を思い浮かべていた。しかし東京では、あれ以来大きな地震は起こっていない。ところが青森では、私が生まれてから東日本大震災まで3回ほど巨大地震を経験した。

私の記憶に残る一番古い地震は、中学生の時に起こった十勝沖地震（68）である。この時私は校庭でランニングをしており、地震が起こったことに気がつかなかった。校内に戻って初めて地震が起こったことがわかった。理科室のビーカーが床に落ちて割れていたからだ。

高校の頃、地学の先生が、「関東大震災から50年が経過したので地震のエネルギーが溜まっている。だから東京には住まないほうがよい」と言った。私の同期で、その話を信じて、京都の大学に進んだ奴がいた。

一方私のほうは東京に出て、その後10年ほど暮らしたが、微震は経験したものの、大地震には遭遇しなかった。ところが青森に戻った年に日本海中部地震（83）に襲われた。その時私は、夏泊半島の斜面の砂利道を車で走っており、もうちょっとのところで海に転落するところだった。しかし鈍感な私は、この時も悪路のせいで車が揺れたのだと勘違いし、地震が起こったことに気づかなかった。そして職場に帰ってきて唖然としたのである。棚に並べていた本がみな崩れて床に落ちていたからだ。

「何か起こったの」

思わずそう聞いて、同僚の爆笑を買ったのを覚えている。その時、青森県から秋田県にいたる西海岸で津波に遭った小学生が何人も波に呑まれて死亡した。

その後も、93年の北海道南西沖地震、２００５年の三陸沖地震、そして２０１１年の東日本大震災と、青森県はたびたび大地震に見舞われている。もちろん地震が多いのは青森だけの話ではなく、日本に住むすべての人の話であるが。

幸い私自身は地震の被害に直接遭わずにすんだ。しかし台風では何度も被害に遭った。台風といえば西日本である。だからテレビの台風情報は、本州上陸まではずっと流れるのに、台風が日本海に抜けると、たちまち報道が止まってしまう。ところが日本海に抜けた台風は、その後東北に再上陸することが多い。

私の住んでいる町は山に囲まれた狭い温泉町だが、かつては洪水で有名な町だった。２００人を超える死者を出したこともあり、私が生まれてから川は20年間に5回氾濫し、そのたびに私の家は床上浸水となった。家そのものは流されなかったが、壁は流され、その都度壁を塗り替えねばならなかった。その後我が家は高台に引っ越したが、今度は土砂崩れが発生し、家が崩れる一歩手前までいった。そして何百万円もかけて崖の補強工事をして安心と思っていたら、１９９１年の台風19号の時には家の屋根が風で飛んでしまった。あの、りんごが落ちたことで有名な「りんご台風」だ。この時には、家の周りの木が何本も倒れ、身が震える恐怖を味わった。

実際青森は巨大台風が上陸する確率が高い県なのである。日本海に抜けた台風が、日本海のエネルギーを吸収してから再上陸するからだ。台風19号の時には、台風が日本海に抜けた後に急にエネルギーを増し、台風の外縁が津軽を通過した際には風速60メートルを超えた。今でも私は、台風が日本に近づくと眠れなくなる

歴史が物語る落人の隠れ里、青森

私は、グラディス・ナイト&ピップスの名曲「夜汽車よジョージアへ」が好きである。この歌は、都会で上手く生きられなかった男女が夜汽車に乗って故郷に向かう都落ちソングだ。もっともこの歌の主人公は南に帰り、歌詞も再出発ソングとなっているが、日本で都落ちと言えば北を目指し、歌も哀しいフレーズであることがほとんどだ。そしてたいてい夜汽車に乗る。石川さゆりの「津軽海峡冬景色」も、傷心の女が夜汽車に乗って北を目指す歌ととらえてよい。

都落ちの歌といえば、日本には小林旭がヒットさせた「北帰行」という名曲がある。この原曲は旧制旅順高校の寮歌で、この曲を作詞・作曲した宇田博は、女の子とデートして戻ったところを教官に見つかり、性行不良で退学処分となったとき、訣別の歌としてこの歌を書いたそうだ。彼も放校となった後、北を目指したのだろう。

ここで紹介したいのは、私の知人のさらにまた知り合いの話だ。その人は東京の大学に進んで、そこで恋をした。大学を卒業してからもしばらく交際が続いたが、ある時、親が病気になったので、田舎に帰ることにした。そして恋人に言ったのである。

「もしよかったら、一緒に青森へ来てくれませんか」

すると彼女は困惑の表情を浮かべ、次のように返答した。

「青森は、りんごを主食としてるんでしょう」

これはジョークではなく、実際にあった話である。もちろん彼女は彼が嫌いだったのではなく、青森に行くことが嫌だったのだろう。しかしこれはなんという断りの言葉だろうか。好きな女にそう言われて、彼は返す言葉がなかった。で、それ以上何も言わずに別れたそうだ。

イメージというものは恐ろしいものだが、別な友人は、ある女子大生に「青森には妖怪が住んでいるんでしょう」と言われたことがあった。実はその女子大生は、下北半島にある恐山の特集をテレビで見て、本気でそう思ったのだ。たぶん妖怪は住んでいないが、恐山には全国の霊が集まるというから霊魂は浮遊しているかもしれない。

かく言う私自身が、似たような経験を何度か積み、夢破れ、夜汽車に乗って都落ちし、今は青森で暮らしている。

かように日本では、人生につまずいた者は北を目指すのである。それは今に始まったことではない。

▼〝義経〟〝キリスト〟ほか、さまざまな落人伝説

実は青森に住んでいる人のＤＮＡ調査をすると、京都近辺の人に近いＤＮＡを持っている人が多いのだそうだ。なぜなら、青森には京都方面から断続的に人が流れてきたからである。ところで西から流れてくる人々とはどのような人をさすのだろうか。青森までやってくるには、それ相応の事情があったと思われるが、早い話が逃げてきたに相違ないのだ。私の先祖もそうだった。

私の母方の先祖は、奥州平泉の藤原一門の落人ということになっている。それが事実かどうかわからぬが、私の祖父が子どもの頃に、本家の蔵に鎧があったというからあながち信じられない話ではない。一方父方の先祖は、北陸の一向宗の落人ということになっている。かつて信長の時代に一向一揆というのがあって、これに参加した人たちは、最後は逃げるしか手がなかった。船に乗って日本海を北上し、青森に上陸したのだ。これについては西海岸にある浄土真宗のお寺に４００年前の墓があるから確度が高い。結局どちらの先祖も闘いに敗れ、そこから逃げてきたのである。

青森の郷土史をちょっと調べると、そうした話があちこちに転がっている。

まずは奥州平泉の藤原一族だが、この一族は源頼朝に征討されて北東北に散らばった。北東北の集落には数え切れないほど藤原落人伝説が転がっている。

佐藤というのは、もともと藤原の武士階級で、工藤は宮大工、そして齋藤は神官の出ということ

になっているが、この3つの姓は青森にやたら多い。実際には明治時代にその姓を名乗った人が多いと聞くが、それでもかなりの平泉の落人が青森に逃げ込んだことは容易に想像される。それがまた「義経伝説」を生み出した遠因ともなっている。

「義経伝説」というのは、義経は平泉で死なずに北海道まで逃げ、やがて大陸に渡ってジンギスカンになったというホラ話である。確かにジンギスカンまでは信じがたいが、北海道まで逃げたという話はあってもおかしくない。実際、平泉から竜飛岬まで、義経の足跡が転々と残っているからである。津軽半島には「義経寺」というお寺まで残り、義経にまつわる地名があちこちに残っている。

義経の龍馬つなぎし厩石いまも残れり海峡の丘

（『〝り〟の系譜』福士りか）

義経と言えば、『平家物語』の扇の的を思い出すが、扇の的を射抜いた那須与一の子孫が、弘前市に住んでいた話を知っているだろうか。今から60年以上も前に、「弘前大学教授夫人殺人事件」というのがあったが、この犯人として誤認逮捕されたのが、正真正銘の那須与一の直系子孫（那須家36代当主）だった。この事件は真犯人が名乗り出て冤罪事件となったが、私に言わせれば、弘前に那須与一の直系子孫が住んでいたことのほうが驚きだった。

源氏や平家の落人の子孫は、日本中いたる所に住んでいるから格別驚く話ではないと思うかもしれない。しかし源氏や平家だけではない。古い話では、青森県の新郷村には「キリストの墓」まである。さすがに十字架にかけられたイエスが偽物で、本物が青森まで逃げてきたという話は信じがたく、実際この伝説は昭和初期に作られたことも証明されているが、もしかするとこの地に、キリシタンが落ち延びてきたのではないか、と思うくらいの想像力は働かせてもよいだろう。

▼〝南朝〟の末裔という伝説

他にも青森県には謎の史跡があちこちにある。たとえば弘前市の郊外旧相馬村（現弘前市）には、長慶天皇の墓というのがある。

長慶天皇というのは、南北朝時代の、南朝第三代目の天皇である。南北朝合体後の長慶天皇の動静は不明で、１３９４年に崩御されたとされている。陵墓は京都にあるが、確かなことはわかっていない。この天皇の墓があちこちから発見されるからである。その最北が相馬村の紙漉沢という集落にある。これもキリストと同じように、単なる伝説にすぎないかといえば、こちらのほうはそうとも言えない。

この長慶天皇というのは強硬派で、南北朝合体時に北朝と争った時、逃亡した可能性が高いからだ。長慶天皇の陵墓があちこちにあるということは、逃げた場所を攪乱するための秘策であったろう。そして一番北にある陵墓こそが本物の可能性が高いと言わねばならない。もしそうでなかった

長慶天皇御陵　今や近隣の人でもこの場所を知らない人が多い。

としても、その墓のある集落の先祖は長慶天皇の縁者である可能性が高い。相馬村に五所という地名があるが、これは御所からきたと言われている。この話に信憑性を持たせる状況証拠として、青森市に、南朝の指導的人物、北畠親房の縁者の居城があるということがある。

その居城跡は浪岡城趾というが、この城を築いたのは、後醍醐天皇の命で陸奥の国司として下向した北畠顕家の子孫であるとされている。北畠顕家は、足利尊氏を危機に追い込むほど強勢を誇った人物だったが、二度目の上洛戦で死に、勢力を引き継いだ弟の顕信の子孫が青森に流れ着いて浪岡に城を築いたと言われている。以後、歴代当主は京都の公家と交流を持ち、陸奥の地に貴族文化を花開かせた。16世紀前半に名君と誉れの高い北畠具永が現われて全盛期を迎えたが、津軽為信の津軽平定に際して落城し、その城は廃墟となった。

また私が住む町（大鰐町）に苦木という集落があるが、そこの住民のほとんどは水木という姓である。南朝の武将水木監正の一族によって開かれた集落とされている。水木監正は南朝の長慶天皇の武臣で、長慶天皇とともに現在の相馬村に落ち延び、天皇が崩御した後にここに移住したと言われている。その集落には、津軽三十三札所となっている観音長谷堂がある。

南北朝時代について言えば、貴種流離譚は津軽地方のあちこちに残っている。たとえば弘前市の隣にある黒石市の郊外に大川原という集落があるが、ここで毎年8月に行なわれる火流しは青森県の無形文化財に指定されている。伝承では、この祭りは後醍醐天皇第三皇子、宗良親王が戦に敗れ、その子孫が津軽に落ち延び、部下の霊を慰めるために始めたとされているのだ。

歴史家によれば、こうした伝承のほとんどは創作と見なされているが、むしろ私は、南朝の縁者が、大挙津軽に落ち延びてきた可能性が高いのではないかと思っている。

▼津軽氏の来歴をめぐって

今、鎌倉から南北朝にかけての落人の話をしたが、実は津軽半島の十三湖には、中世に日本海貿易で栄えた安東一族の史跡がある。これについては、話は平安時代まで遡らねばならない。日本史の教科書に「前九年の役」という言葉が出てくるのを記憶されている方も多いだろう。これは、陸奥国の土着の豪族である安倍一族を、朝廷から命を受けた源頼義が討った戦いだが、この時死んだ安倍貞任の息子である高星丸《たかあきまる》がやはり津軽に落ち延び、その子が弘前市の隣にある藤崎町に城を築いたというのだ。これを藤崎城というが、その子孫はやがて安東氏を名乗るようになり、一時、津軽半島を支配する豪族に成長した。

その後、一族は十三湖の福島城に移住、そこで北海道と本州を結ぶ中継貿易で大いに栄えることになる。その港を十三湊《とさみなと》といっている。さらに時間が下って、藤崎・福島の両城は南部の手に落ち、やがて津軽為信の手に落ちるが、その子孫は秋田や松前の城主となって江戸時代も生き延びた。ちなみに首相を務めた安倍晋三は、安倍一族の末裔だそうだ。

先に述べたように、津軽の語源となっている津軽為信は、戦国時代に蜂起して津軽を南部から独立させた人だった。彼の先祖（南部光信）は岩手県久慈から鰺ヶ沢にやってきて、そこに種里城（国指定史跡）を築き、その後弘前市の旧岩木町に大浦城を築いたといわれる。為信の代に弘前市郊外にあった大浦城の支城である堀越城（国指定史跡）で旗揚げしたのである。

この為信が津軽を平定している最中、京では本能寺の変が起こっていた。信長を倒した明智光秀は、山崎の合戦で敗退し死ぬが、実はその子孫が、やはり津軽に落ち延び、この地に住んでいた。

そもそも光秀は甲斐の土岐一族の首領であったが、この土岐氏の一部は津軽に逃れ、ここに住み着いたとされている。私が高校の時に、同窓生に土岐君というのがいたが、土岐という姓は青森県に結構ある姓である。光秀の子孫はその後明田を名乗り、津軽藩に召し抱えられている。さらにその子孫は、明治時代に明智姓を回復し、現在も続いている。

ところで、山崎の合戦で明智側に立って参陣したのが、信長によって一族がことごとく殺害された旧北畠の家臣団であった。この時北畠一族の中で一人生き残ったのが、九代伊勢国司である北畠具房の正室鶴女だった。このとき鶴女は北畠具房の子どもを孕んでいたが、逃げた地で北畠昌教を生む。そして昌教は、山崎の合戦の後に、やはり津軽に落ち延びてくるのである。

今さっき述べたように、津軽の浪岡には北畠一族の城があった。しかし昌教がやってきた時には、その城はすでに為信によって落城させられた後だった。ところが為信は、京から落ちてきた昌教を客分武将として遇し、浪岡に彼のための館を建てたのである。その後北畠一族は津軽藩で剣術師範を務め、有馬姓を名乗った。その子孫は現在も続いている。こちらのほうは歴史家も認める話だ。

ところで津軽為信に津軽の支配者としての朱印状を与えたのは豊臣秀吉だが、為信が秀吉に渡りをつける際に、その間を取り持った武将に石田三成がいた。しかし為信は、関ヶ原の合戦では石田と徳川の両陣営に兵力を派遣し、どちらが勝っても生き残るよう両建て戦略を取った。これについては節操がないと批判されるが、同時に先見の明があると褒められることもある。結局津軽は生き残るのだが、しかし彼は、関ヶ原で敗れた石田三成の遺児をも引き取っていた。

やってきたのは次男の源吾と辰姫で、源吾は板柳町に住んで、以後杉山姓を名乗った。そして辰姫は、津軽二代目藩主信牧の側室となり、その子は津軽家、第三代の藩主信義となる。そして杉山家は弘前藩重臣として遇され、その子孫は現在まで続いているのである。なお杉山家の代々の墓は、弘前市宗徳寺にあり、板柳町には杉山家を奉る深味八幡宮がある。

また、二代目信牧の正室となったのが、徳川家康の異父弟、松平康元の娘、満天姫である。彼女は家康の養女となり、やがて関ヶ原合戦の英雄、福島正則の養嗣子、福島正之に嫁ぐ。しかし慶長12年に正之が乱行のため幽閉されると、正則の判断もあって実家に戻された。この時満天姫は正之の子を身ごもっており、ほどなく男児を出産するが、やがて家康の判断で、信牧の正室として津軽に嫁がされることになる。福島家の血をひく正之の連れ子は家老の養子となり、信牧と満天姫との間にできた信英は弘前藩の支藩である黒石藩の城主となった。

石田の血をひく側室、辰姫の子が三代目津軽藩主となり、徳川の血を引く正室、満天姫の子が分家の黒石藩主となったというのは極めて興味深い（ただし信英も側室の子とする資料もある）。

▼南部と下北の幕末

ここで話を南部に転ずるが、先に南部氏は甲斐源氏の系統であると述べたが、甲斐の武田家が滅亡した際、その家臣がやはり南部氏を頼って青森県に落ち延び住み着いている。

こうして江戸時代、津軽も南部も改易なく存続するが、南部の縁者はあちこちに散らばり、領地そのものも広かったため、何かことが発生するたびに人が北に流れてきたようだ。その一例として、新渡戸稲造の祖先が一時盛岡から下北に流れてきた事実が挙げられる。

ところで戊辰の役で、津軽は官軍側につき、南部は幕府に従ったため賊軍となった話は既にした。この時南部以外で徳川についたのが会津藩だったが、会津藩士は忠義を貫いたため会津の地を追われることになった。その彼らが行き着いた場所がやはり下北半島だった。

戊辰の役の後、会津領は没収され、藩主の容保は鳥取藩預かりの禁錮刑となる。明治2年、容保の嫡男である容大が家名存続を許可され、彼は青森県のむつ市に斗南藩をたてた。むつ市の北の丘陵には斗南藩の藩所跡があるが、そこは本当に小さな館跡で、見つけるのも難しい。往時の斗南藩士の苦労が忍ばれる場所だ。実際に入植したのは220余名であったが、藩領は不毛の地であり、飢えと寒さで命を落とすものが続出した。

廃藩置県による旧藩主の上京で、多数が会津に帰郷しているが、その一族は旧南部藩領一帯に広がり、そこから青森県知事を務めた北村正哉をはじめ、多くの県会議員、町村長、学校長を輩出した。

（注：なお三戸町には明治23年に建立された日本最古の白虎隊の墓がある。わずか数百名の入植で、青森にこれだけの痕跡を残したことを考えれば、明治以降も会津から断続的に人が流入したと考えずにはいられない）

▼白系ロシア人も

なお、今まで述べたのは日本の歴史に登場する〝落人〟である。

ところが青森に逃げてきたのは日本人だけではなかった。大陸からも人が逃げてきた。そうした事例として、甲子園の伝説的英雄、太田幸司の育ての母タマラさんがいる。太田幸司というのは、1969年の夏に、東北勢としては戦後初の決勝進出を果たした三沢高校のピッチャーだ。決勝戦は松山商業と2日間にわたって繰り広げられた。1日目は延長18回を一人で投げ、0対0の引き分けで終わった。2日目も全イニングを投げたが、惜しくも打たれ、準優勝に終わっている。この甲子園の伝説の英雄、太田幸司の育ての母タマラさんは、いわゆる白系ロシア人だった。

白系ロシア人というのは、「ロシア革命で亡命した旧ロシア帝国国民」のことを指している。彼女は満州生まれだが、第二次大戦でのソ連の満州占領を嫌って、日本に渡ってきた人なのだ。

実はこれについては、奇妙な統計が発表されている。青森県の、弘前市と五所川原市周辺住民の血液検査（DNA検査）をしたところ、10人に1人の割合で白人の血が混じっていたというのだ。

どうしてそういうことになったか。ロシア革命時のシベリア出兵とソ連の満州占領が影響を与えているとしか思えない。この時かなりの数の白系ロシア人が、兵士とともに青森へ渡ってきたと思われるのだ。実際五所川原には、目が大きく、肌が透き通った美人が何人もいるが、もしかしてそれはロシアの貴族の血をひいた女性なのかもしれない。

というわけで、今まで青森に流れてきたさまざまな人を紹介したが、ただ歴史上の有名人の子孫であれば、確かにどこにでも住んでいるから面白い話ではない。また、かつて権力を握っていた人間の末裔が、今は食い詰めた暮らしをしている話もどこにでもある話だ。これについてはトーマス・ハーディの小説『ダーバヴィル家のテス』を思い出すとよい。これは貴族の子孫が乞食となってしまい、その乞食の娘が破滅してゆく物語だ。旧華族出身のピンク女優だっている。今更そんな話をしても意味がないと言われそうだ。

しかしここで注目したいのは、そうした栄枯盛衰の物語ではなく、青森に流れてきたのは、すべて〝敗者〟の末裔だったということである。

青森までは誰も追いかけてこなかった。そして〝落人〟も、さすがに海を渡って北海道まで逃げ延びる気はしなかった。青森は日本の果てではあったが、まだ日本と感じられる場所だったからだ。この地は逃げ延びてきた人を排除せずに迎え入れたのである。なぜなら住民の先祖も、かつては落ち延びてきた民だったからである。そう考えられないだろうか。

北海道であれば、新天地を求めて自ら移住した開拓者がたくさんいたろうが、青森の場合、ここに住み着いたのは、皆〝訳あり〟の人だったと推察される。このことは、青森県気質を考える時、重要なことだと思われる。

通じない言語と「ごたく」文化

今述べたように、青森にはたくさんの人が落ち延びてきた。ところで落ち延びてきた人間は、自分の素性を人に知られないように配慮する。自分の素性を知られたくない人間は、あまり口を開かない。青森県人がよそ者に対して無口であるのは、あまり目立ちたくないという意識が働くためではないだろうか。目立つと自分の素性を知られてしまい、まずいことになるのである。これに現実の寒さが加わって、青森県人は、ぼそぼそとした物言いになる。だから見知らぬ人間とのコミュニケーションも苦手だ。それでなくとも初対面の人間に対しては人見知りする。なんとなく自信がないからだ。

▼津軽弁とフランス語

青森の言葉について言えば、２０１１年に面白いＣＭが話題となった。トヨタのパッソのＣＭで、仲里依紗さんと森三中の大島さんが得体の知れない言葉で話すＣＭだ。あれはフランス語に聞こえるが実は津軽弁である。実際津軽弁は、外国語のようなものである。生の津軽弁で話せば、他県の人にまったく通じないからだ。

このフランス語と津軽弁を織り交ぜたギャグと言えば、これは青森放送の元社員でタレントの伊奈かっぺいさんの持ちネタであるが、実際に津軽弁はフランス語に似ている。私が学生時代にフランス語を選択した時も、フランス語の先生に「発音だけは上手い」と言われた。実は、そう言ってくれた先生の授業の単位を落としたのだが……。

津軽弁とフランス語は共通の母音を持っている。それも鼻母音が似ている。津軽弁はあまり口を開かないので、音が鼻から抜けることが多い。フランス語のａｎとｏｎに相当する鼻母音が津軽弁にもある。津軽弁のびょん（だろう）とフランス語のｂｉｅｎは同じ音に聞こえる。同様に、これは津軽弁に限らないが、青森県人はあまり顔の筋肉を動かさないでものを言う。寒いせいもあって無表情にものを語る。そしてウ段を曖昧に発音する。特にスを発音する時は口をすぼめないので、「シ」と「ス」の違いがはっきりしなくなる。フランス語もそうだ。

他に語尾のカ行、タ行が濁音化してガ行、ダ行になる（イカ↓イガ）。語中に「ン」が挿入されたり「ウ」が「ン」に変化する（どうだ↓どんだ）。クヮ、グヮの発音が存在する（元日↓グヮンジツ）などの特徴を持っている。

これに加え、津軽弁は短くものを言う。例えば「アナタ」は「ナ」で、「ワタシ」は「ワ」、「食べなさい」は「ケ」で、「食べます」は「ク」、「どこへいくんですか」は「ドサ」で、「お風呂に行きます」は「ユサ」となる。実はフランス語も基本的な単語は短いものが多い。「ワタシ」は「ジュ」で「アナタ」は「ヴ」だ。

そもそも津軽弁は、多くの方言がそうであるように、大和言葉を基本としている。しかし大和言葉がそのまま使われるのではなく、多くの言葉は変化（転訛）し、加えて独特のアクセントと発音のために大和言葉とは異なる言語となっている。加えてアイヌ語が少し入り混じることで独特の言語となっている。

さらに津軽弁を難しくしているのが、微妙な津軽弁の語法である。これについては、弘前市の津軽塗老舗「田中屋」の田中久元さんが、絶妙な事例を雑誌『北奥気圏』に紹介しているのでそれを引用しよう。

私も学生で東京にいたころに標準語を喋り、「青森県の人とは思わなかった。訛りが無くて」などと言われて、内心得意であった。しかし「かちゃましい（ものごとが乱雑で煩わしい）」や「ねまる（座る）」ならはっきりした津軽弁だと意識しているので標準語に置き換え喋ったが、「ゴミ投げる（捨てる）」や「百円玉砕く（細かくする）」などという「意識されない津軽弁」であえなく馬脚を現していた。それどころか「んだんだ（そうだそうだ）」などと無意識にうなずいていたりしたものだから頭隠して尻隠さずであった。

〈文例1〉「工藤先生の所さ行ってら?」「行がさらねでら」(注:「さ」は助詞の「に」)

例えば中学校の同級生同士が、卒業後、大分経ってから再会した場面を思い浮かべてほしい。担任であった工藤先生(仮名)にその後お伺いしているか?という質問に対する回答である。「行ってね」と答えると、これはきっぱりし過ぎて、言外に「行くつもりはない」というニュアンスを含みかねない。「行がさらねでら」は「本来であれば親しくお伺いしてご報告なりするべきところではありますが、何分忙しくて行ってはおりません」とまあ、日本標準語で表現すればこの位の気分を含んでいるのだ。

〈文例2〉友人達が居酒屋で飲んでいる。そろそろ河岸でも変えようかという場面。「行がさるが」と一人が言う。これは、「行きませんか」とか「行きましょう」という風には訳せない。この語句は決して発言した人からの提案でもなければ要請でもないのだ。その場に居合わせた総員の意志というか、空気のようなものが言わせているとでも言うべき表現なのだ。

今挙げた最初の例は、同じ言葉でも、標準語と津軽弁で意味が違うケースを指している。こうした例は他の方言でも見られ、たとえば関西の人間が「自分」という場合、貴方のことを指しているのと同様だ。文例は、場面に応じて意味が変化する津軽弁が持つ微妙なニュアンスについて述べている。ここまで理解するためには10年は津軽に住まねばならない。

この件については、私自身一つの事例を挙げたい。津軽弁に「せば（へば）」という短い言葉がある（注：これもフランス語のセ・バとそっくりの発音である）。この言葉は、津軽ではかなりの頻度で使われる。そして場面に応じて意味が変化する。

たとえば、別れる時に「せば（へば）」と言えば、これは「さようなら」の意味になる。また何か始める時に立ち上がって「せば（へば）」と強く言えば、これは「やるぞ」の意味になる。また、どうしようか悩んでる人が意見を求めてきた時に語尾を上げて「せば（へば）」と言えば、「やったら」の意味になる。この違いは、勉強してわかるものではない。

▼津軽と薩摩

もしかすると津軽弁では、話している内容を人に悟られないようにするための配慮が働いているのかもしれない。これに似た言葉に鹿児島（薩摩）弁がある。鹿児島弁も、島津藩の人々が、話している内容を他者に悟られぬためにアクセントを標準語の逆にしたという話を聞いたことがあるが、津軽弁もアクセントは標準語とは逆になっている。実は津軽弁は静かに語るとフランス語に聞こえるが、早口、断定口調で語ると韓国語に聞こえると言う人もいる。短い言葉を切って言う時、アクセントの位置が似ているのかもしれない。

私自身、東京で面白い経験をしたことがあった。よく東京で、同郷人同士が標準語で話をした時、単語は標準語でも、アクセントとイントネーションが出身地の方言になっていることがある。したがって、その言い方で同郷人かどうかわかるのだが、私がこれこそ津軽人に違いないと思った男が、実は鹿児島出身だったのだ。つまり鹿児島弁と津軽弁は、言葉はまったく異なるが、単語のアクセントと文のイントネーションは似ているのである。要するに鹿児島も津軽も、標準語とは逆なのである。

今、鹿児島弁と津軽弁の共通性について話したが、民俗学の概念に、「周辺の文化」という考え方がある。文化というのは、中央から地方に伝播してゆくため、地方に古いものが残り、中央は新しいものに変わってゆくという考え方だ。津軽弁も基本的には古い言葉で構成されているのだろう。

▼「ごたく」文化

いま述べたように、津軽弁は現在話されている標準語ともっともかけ離れた言語である。これが津軽の人間が他県の人とうまくコミュニケーションをとれない第一の理由だろう。その結果、無口でおとなしいという印象を与えてしまうことになるが、ところが初めに井沢八郎について述べたように、よそ者に対しては無口でも、同郷人に対しては多弁となる。

これについては津軽には「ごたく」文化というのがある。特に冬の寒い夜、囲炉裏を囲み、酒を酌み交わしながら話を始めると、津軽人は話がとまらなくなる。この会話を「ごたく」と言っているが、青森には「ごたく」芸人というのがいて、それで飯を食べている人が何人かいる。それはちょうど、バラエティー番組での吉本芸人に似ている。

「ごたく」は基本的に津軽人同士のジョークを交えた会話を指している。関西の漫才のように、かならず合いの手が入ってリズミカルに進行する。そして津軽のジョークは、主に自己卑下にまつわるパターンが多い。自分の失敗談を晒して人を笑わせ、それから本題に入るのである。後で何度も登場するが、太宰治と寺山修司は、この「ごたく文化」が生み出した文人であるとも言える。特に太宰の文体は、この地方の「ごたく」の達人のリズムを持っている。

▼南部弁について

津軽弁について書いたのでここで南部弁についても少し触れる。

弘前大学人文学部の社会言語学研究室のレポートによれば、南部弁は津軽弁に較べてイントネーションがゆるやかで、ことばの終わりに丁寧表現がたくさん付くため、やさしい感じがする女性的な言葉のようだ。

まず単語一つ一つが津軽弁と異なることは言うまでもない。例えば、「いらっしゃい」は、津軽弁で「コイへ」、南部弁では「オイデアレ」。「恥ずかしい」は、津軽弁で「メグセ」、南部弁では「ショス」となる。また接続助詞の〜からは、津軽弁は「ハンデ」、南部弁は「スケ」という。

このスケというのが南部弁の特徴で、南部の人はいつもスケを連発する。「だから」は「ダスケ」だが、最後のケを伸ばして言う傾向がある。この語尾を伸ばすというのも南部弁の特徴の一つだ。語尾を伸ばすから優しく聞こえる。

「雨が降るから」は津軽弁では「雨降るハンデ」だが、最後のデは伸ばさないで切って言う。ところが南部弁では「雨降るスケー」と語尾を伸ばして言うことが多い。

この南部弁の「スケ」は関西の「降るサカイ」が変形して「〜スケ」になったと言われている。これは南部の方が関西との交流が深かった証の一つだろう。このスケは、南部以外の日本海側でも使われており、江戸時代、日本海航路を使って各地の物資が関西地方に運ばれていたため各地に関西弁が流入したのだとされている。

ともあれ、筆者は南部弁についてはよくわからないので、これ以上書くと馬脚を現わすことになる。ダスケー、この辺でやめておく。どうかご勘弁のほどを。

第2幕　どっこい青森の幸せ

青森は縄文人のまほろば

第1幕では、青森について暗い話をした。何か絶望的な気分になるかもしれない。しかし繰り返し述べてきたように、絶望で終わるのだったらこんな本は書かない。絶望の後に希望という一筋の光明が射すことを読者も承知済みだろう。ではどんな希望だろうか。

倭《やまと》は国のまほろば　たたなづく　青垣　山こもれる　倭《やまと》しうるわし

これは、日本武尊が故郷を詠んだ望郷の歌である。もし縄文人が歌を作れば、次のように詠うだろう。

青森は国のまほろば　たたなづく　青垣　山こもれる　青森しうるわし

確かに倭《やまと》からみれば、この地は辺境の地にすぎないかもしれない。

この「辺境」という言葉を聞けば、読者は何を思い浮かべるだろうか。辺境、英語でフロンティア。

アメリカでは、白人がインディアンから土地を奪うことでフロンティアを西へ移動させていったが、これを西漸運動と言っている。アメリカのフロンティアは1890年代に消滅したが、かつての日本の大和朝廷は、北漸運動を展開することで辺境を消滅させていった。青森の地が日本に組み入れられたのは中世だが、かつてはここに日本語を話さぬ異民族が住んでいた。いわゆる蝦夷《えみし》である。

では、蝦夷にとって青森は哀しい土地だったのか。これについていえば、決してそんなことはないという解答がすぐ返ってくる。彼らは好んでこの土地に住み着いたのだ。

昔、サントリーの社長、佐治敬三が、東北遷都論を牽制する趣旨で「東北は熊襲《くまそ》が住むところ」と発言して物議をかもしたことがあった。が、これは蝦夷の間違いで、蝦夷というのは北に住む「まつろわぬ民」をさしている。つまりは大和朝廷に抵抗した人々なのである。要するにもともと青森に住んでいた人間は、白人に抵抗するアパッチのような人々だったのだ。彼らは自分たちの土地を守るために戦い、そして敗れた人たちだった。伝説によれば、坂上田村麻呂が、9世紀初めにこの地を征討したことになっている。

明治初期の北海道には、日本語を話さないアイヌやギリヤーク、ウイルタ、オロッコなどの少数民族がたくさん住んでいた。倭人がやってくる前の青森県も事情は同じだったろう。蝦夷というのは、結局、日本語を話さない縄文人のことなのである。縄文人の平均身長は低かったようだが、復元した顔を見ると、彫りが深く、二重瞼で唇が厚いなどの特徴が見られ、やはりアイヌに似ている。

青森県の地名にはアイヌ語をもとにしたものが多いことから、青森にはやはりアイヌと同族の人々が住んでいたと推測される。特に、ヒラナイ、ノナイ、ミツメナイというように、語尾にナイのつく地名が50近くあるが、このナイというのは、アイヌ語で川という意味だそうだ。ここで思い出すのが国指定の遺跡、**三内丸山《サンナイマルヤマ》遺跡**だ。これもナイがつく。

三内丸山遺跡は、今から約5500年前から4000年前の縄文中期の集落跡で、青森市の西側の高台から発見された。新幹線新青森駅のすぐ近くにある。遺跡の存在は江戸時代から知られていたが、県営野球場を作るために事前調査をしたところ、かなり大規模な遺跡であることが判明、遺跡保存か野球場建設かでもめた後、かろうじて保存が決まった。私はその経緯をリアルタイムに見ていたから知っているが、当初は野球場建設の意見のほうが支配的だった。この歴史的遺跡の保存に動いた関係各位の尽力には今更のごとく敬意を表したい。いやー、危なかった。

縄文時代は約1万5000年前に始まった。この時代は、現在と同じように地球の温暖化が進み、ドングリ、クリ、クルミなどが実る落葉広葉樹の森が広がり、また海面の上昇によって魚介類を豊富に入手できる環境が形成された。

こうして人々は、狩猟、採集、漁労に従事しながら自然の恵みを享受し、生活は移動から定住へと変化してゆく。三内丸山遺跡は、長期間にわたって定住生活が営まれた集落だった。

つまり縄文時代というのは、土地私有の観念はなかったものの、恒常的に人間が定住生活を営んでいた時代なのである。定住するにはそれなりの条件が必要である。まず食料が豊富になければならない。三内丸山の近くには海があり、魚介類が獲れた。山には獣がおり、木の実山菜も豊富だった。そして集落周辺では、ヒョウタン、ゴボウ、マメ、クリが栽培されていた。つまり三内丸山では農業も営まれていたのだ。

この遺跡からは、竪穴住居、大型掘立柱建物、食料貯蔵穴、道路跡、ごみ捨て場などが見つかり、膨大な量の土器、石器、土偶、装身具、編物、漆器、骨角器が出土した。また他地域から運ばれたヒスイや黒曜石などが出土していることから、交易も行なわれていたことがわかる。

ちょうど三内丸山遺跡が栄えた縄文時代中期、世界では四大文明が華開こうとしていた。三内丸山からは文字と青銅器が発見されないため、この遺跡に対して文明の呼称は使用されない。しかし高度な精神生活が営まれていたことが伺える。

私は、大型掘立柱建物の上では楽器が演奏され、その周りでは舞踏が演じられたのではないかと想像している。それは現在の盆踊り大会の櫓のような建物だからだ。

実は縄文後期になると、各地からストーンサークルがある遺跡が発見される。縄文後期は寒冷化が進み、大型の遺跡は消滅するが、逆に遺跡の数は増え、その中心にストーンサークルが作られるようになる。三内丸山遺跡から10キロほど山の中に入った森には**小牧野遺跡**があるが、ここは秋田県鹿角市のストーンサークルと同様の列石遺構である。列石遺構は墳墓説、暦説、祭祀場説と色々議論は噴出しているが、まだそれが何のために作られたか定説は確立していない。ただ長期にわたって遺跡を完成させるための政治権力が存在していたことは間違いなく、この頃青森県中に人が住んでいたことが確認される。

ちなみに私は、このストーンサークルの周りでは巫女による舞踏が演じられていたのではないかと想像している。鹿角のストーンサークルからは人骨は発見されず、それが墓ではないことが知れる。石の周りに舞台のような平地があり、それを取り囲むように観客席のような小高い丘があり、そこに桟敷のような建物跡が発見される。その舞台には、花道のような道路跡があり、その奥に楽屋のような建物跡が発見される。どう見ても野外劇場にしか見えない。

現在青森県は、青森県以外の地を含め、縄文遺跡全体を世界遺産に登録させる運動を展開している。私はいずれこの運動が実を結ぶ時がくることを確信している。とりわけ青森県とその周辺は、縄文遺跡が多く、縄文時代のセンター的役割を果たしていたと推測することができる。

青森県だけでも、青森市の**小牧野遺跡**（縄文後期前半）、**三内丸山遺跡**（縄文中期）。八戸市の**長七谷地貝塚**（縄文早期）、**是川遺跡**（縄文晩期）。つがる市の**石神遺跡**（縄文早期）、**亀ヶ岡遺跡**

上　三内丸山遺跡
下　小牧野遺跡　現在整備中のようだ

（縄文晩期）。七戸町の**二ツ森貝塚**（縄文中期）。弘前市の**大森勝山環状列石**（縄文晩期）などの縄文遺跡が発見されている。

青森県では、平野から10メートルほどの高台の丘を掘れば、すぐ縄文土器が出てくる。かくいう私が住んでいる家の高台からも、かつて土器の破片が出てきたことがあった。県全体が、世界遺産のような土地なのだ。

数ある縄文遺跡の中でも、日本人の誰もが知っているのが**亀ヶ岡遺跡**である。これは青森県つがる市にある縄文晩期の集落遺跡だが、あの遮光器土偶が出土した遺跡として日本史の教科書に載っている。津軽藩の二代目藩主である津軽信枚がこの地に亀ヶ岡城を築こうとした際発見された。その遺跡は現在痕跡すら感じられない公園となっている。

亀ヶ岡城は造りかけの状態で一国一城令が出たため、やむなく廃城となったが、江戸時代にはここから発掘されたものは「亀ヶ岡物」と呼ばれ、好事家に好まれて遠くオランダまで運ばれた。1万個を越える土器が勝手に発掘されて持ち去られ、地元にはほとんど土器は残っていない。明治以降も調査が行なわれ、遮光器土偶をはじめ漆器や土器、石器などが発掘されたが、遮光器土偶も、個人蔵を経て、現在は東京国立博物館の所蔵となっている。

現在緊急の課題となっているのは、発掘された土器の保存と散逸の問題だ。出土した土器が中学校の物置に無造作に置かれていたといったケースがあり、県内各地で出土した土器を、拠点展示館に集約して展示するという施策が求められている。木造町（現つがる市）の「カルコ（縄文博物館）」

を、ベンセ湿原や十三湖周辺にでも遷して、修学旅行生が立ち寄るような巨大な施設を作るという発想もあるだろう。

話を最初に戻すが、征服者がやってくる前、この地は縄文人の「まほろば」だった。繰り返しになるが、縄文人は嫌々ここに住んだのでなく、この地を選んでここに住み着いたのである。そして縄文時代には、青森は日本列島における文化の中心地だった。なぜならこの地には、魚介類、獣、山菜、木の実があふれるほど存在したからだ。まさに青森は、エデンの園のような場所だったのである。

美しい青森の自然

川端康成がノーベル文学賞をもらった時の記念講演の題名は、「美しい日本と私」であった。これから私が書くのは「美しい青森の自然」である。「美しい青森の自然」と言えば、読者は何を思い浮かべるだろうか。

実は三内丸山遺跡で巨大集落跡が発見されたのは1992（平成4）年のことだった。そして93年には、青森にとってさらに嬉しいニュースが流れた。**白神山地の世界遺産登録**である。これは法隆寺地域の仏教建造物、姫路城、屋久島とともに、日本で最初に登録された世界遺産だった。このニュースには青森の人間も驚いた。青森にいても、白神山地に入ったことのない人がほとんどだったからだ。正直な話、白神山地がどこにあるかわからなかった人も多いと思う。

ブナ林というのは本当に美しい林である。一番上層をブナの葉が覆っているが、その下にサワグルミなどの中間木が生え、さらにガマズミやナナカマドなどの低木、そして林床には笹やシダ類が生えている。植生は非常に複雑だ。ブナ自体も、老いた木と若木では葉の色が違う。そして幹にはツタや苔が張り付いている。そのため、多種多様な緑によって構成されている。

また、自然の営みの中で間伐が行なわれるため、木と木の間は等間隔ではない。大木が倒れた時にのみ下から小木が生長してゆくのだが、その時はもう何十年も経過している。そんなわけで、ブナ林の中には木漏れ日が降り注ぐ場所があり、その光もブナの葉間からさしてくるため微妙に揺れる。そしてその光が、林に鮮やかな濃淡をつけてくれる。

この美しいブナの原生林に覆われている白神山地とは、青森県と秋田県にまたがる広大な山岳地帯の総称である。山全体が、地質学でいうところの隆起地形となっており、その中央部が雨で削られV字谷を形成している。

山地の中央部に谷があり、しかも山が襞状に削られているため、その山並みは深く、入り組んでいる。加えて全体がブナ林で覆われているので道に迷いやすい。そのことが人を退けさせ、結果、自然を温存させてきたのである。

最高峰は向白神岳の1250メートル、他にも白神岳、二ツ森など1000メートル級の山々が連なっている。世界遺産に指定されたブナ林には、500種を超える植物が自生しているほか、ツキノワグマ、ニホンザル、カモシカ、クマゲラやアカゲラなど、多くの動物たちが棲息している。

この山地には四方から入山できるが、弘前からバスに乗って西目屋村の観光センターに向かうコースがもっとも一般的だ。このコースでは、ブナの原生林と3つの「暗門の滝」を見ることができる。

上　新緑のブナ林
下　残雪の白神山地

ちなみに石坂洋次郎の『青い山脈』というのは、岩木山麓から見た白神山地を指している。実際に夏場の早朝、岩木山から白神山地を臨むと、本当に青い色をしている。しかもその青というのが、真っ青に近い青なのだ。あの小説の題名は創作ではない。

結論からいうと、このように美しい自然が残った理由は、青森が辺境の地にあって、開発から取り残されたからであった。つまり災い転じて福となったわけだ。以前は道路事情が悪く、白神山地の奥地まで大型トラックが行けず、かろうじてブナ林は残ることになったのである。

ただこのブナ林の保存運動のきっかけが、ブナ林の破壊にあったことを知る人は少ない。昭和40年代、青森と秋田を結ぶ道路建設の話が起こり、営林署が大量のブナの伐採を始めた。白神は国定公園に指定されていなかったため、ブナの伐採を止める法律がなかったのである。

このことが地元民の通報で朝日新聞に取り上げられ、この結果、ブナの原生林の存在が世間の注目を浴び、その後、秋田や弘前の自然保護運動家によりブナ林保存運動が始まったのである。

やがて、この運動が実を結んで白神の世界遺産登録が実現し、縄文の自然が残されることになる。これを鑑みるに、物事というのは、実にささいなことから始まるものだと思わざるをえない。

現在危惧されるのは、観光開発にともなう白神山地の破壊だ。世界遺産指定以来入山者が激増し、自然破壊の進行が危惧されている。これについては、関係各位に慎重な開発を進めていただくようお願いしたい。

白神山地以外にも、青森には美しい自然がたくさん残っている。十和田八幡平国立公園、三陸復興国立公園、下北半島国定公園、津軽国定公園などだ。

十和田八幡平国立公園は、神秘の湖である十和田湖、十和田湖から流れる奥入瀬渓流、そして、変化に富んだ光景が堪能できる八甲田山からなっている。どれをとっても、自信をもってお薦めできる観光スポットだ。

十和田湖は、火山の火口が陥没してできたカルデラ湖で、外輪山から眺める白霞《しろかすみ》の湖は絶景である。湖畔にはホテルが立ち並び、ヒメマス料理を堪能できる。その湖を高村光太郎が作った「乙女の像」が静かに眺めている。ちなみに魚の住まない十和田湖にヒメマスを放したのは秋田県鹿角市の篤志家、和井内貞行であった。

春の新芽、夏の緑、秋の紅葉、冬の雪と、四季を通じて湖の表情は刻々と変化する。やませ時には霧で覆われ、冬は氷が張る。

嬉しいのは、今は道路事情もよく、青森、八戸、弘前のいずれからも、車を使えば2時間ほどで到着することだ。日帰りで十和田湖に行き、また家に戻ってくることができる。私は十和田湖に数え切れないほど行ったが、何度行っても飽きることはない。

また十和田湖から流れるのが**奥入瀬渓流**だ。

住まば日の本　遊ばば十和田　歩きや奥入瀬　三里半

これは明治の文人・大町桂月（高知県出身）による奥入瀬の歌である。なるほど原生林の美しさに加えて、さまざまな表情を見せる水の流れの美しさはとても言葉で形容できるものではない。そのうえ、大小いくつもの滝を間近に堪能できる神秘の渓流だ。

奥入瀬を下って焼山から北上すると**八甲田山**だ。この八甲田山は、さほど高くはないが、歩いてまったく退屈しない山だ。八甲田の醍醐味は、刻々と変化していく植生だろう。ミズナラを主体とした里山の落葉樹から、ブナ、ダケカンバ、ハイマツへと変化してゆく。これに水芭蕉が咲く湿原、火口、崖と変化に富んだ登山道が続く。春山では樹氷が見られ、山頂からの眺望も絶景だ。西は平野、東は高原、南は山脈、北には巨大なむつ湾が広がっている。

八甲田山と言えば、映画『八甲田山』で有名な雪中行軍で多数の死者を出したことで知られているが、夏は子どもでも登れる優しい山だ。そして千人風呂で有名な**酸ヶ湯温泉**の他、**蔦温泉**（大町桂月臨終の地）、**猿倉温泉**、**谷地温泉**など、たくさんの温泉がある。

十和田八幡平国立公園は、まさに未来永劫青森の至宝として存在し続けるだろう。

（注：近年、この十和田湖の観光客が減少し、ホテルやお土産屋の廃業が相次いでいる。これは、海外旅行の増加などさまざまな理由があるだろうが、十和田湖の開発が行きすぎて神秘さが感じら

上　津軽平野から見た八甲田連峰
下　十和田湖

れなくなったことも一つの理由だろう。当面、行政はイヴェントを仕掛けて観光客を呼ぶのではなく、壊れたホテルなどの撤去で景観の回復に努めるべきだ）

また、**三陸復興国立公園**は、東日本大震災により被災した三陸地域の復興に貢献するために２０１３年5月に創設された国立公園で、宮城県、岩手県、青森県の三県にまたがった海の公園である。北部は「海のアルプス」とも称される大断崖、南部は入り組んだ地形が優美なリアス式海岸だが、これに**八戸の種差海岸**が加えられた。

この種差海岸もリアス式海岸で、岩礁海岸・砂浜海岸・海食海岸など多様な地形を見せてくれる。北三陸の絶壁断崖と違って、種差海岸はちょうど良い高さの岩場となっており、ここから太平洋を臨むと、地平線にサンフランシスコの蜃気楼（もちろん妄想）が浮かんでくる。

また**大須賀海岸**には白い鳴き砂の浜と松原があり、周辺部は天然の芝生に覆われた段丘が広がっている。東山魁夷はこの段丘で名画『道』を描いた。

下北半島国定公園については最初に書いたとおり、辺境であることが逆に魅力の一つとなっている観光スポットだ。公園エリアは、まさかり半島と呼ばれる下北半島の刃の部分だが、それに恐山が加わる。

霊場恐山はむつ市から車で30分くらいの山中にある。恐山というのは、カルデラ湖である宇曽利湖を囲む外輪山の総称で、宇曾利湖畔の一画は火山性のガスが立ち込め、草も生えない岩地となっており、そこにお寺が建っている。境内の岩にはたくさん地蔵が彫られ、その横で風車が回っているが、その岩場から望む虹色の湖と砂金の採れる極楽浜は、この世のものと思われぬ光景だ。なお宇曽利湖は魚類が生息できる酸性度の限界を越えた環境下で生息するウグイの存在でも知られている。毎年七月の大祭に、ここでイタコ（霊媒）が口寄せを行ない、あちこちから人が集まってくる。現在は立派な拝殿が建っており、妖怪が出るという感覚はさすがになくなったが、それでも一度は訪れたい穴場スポットだ。

恐山から北に延びる細い林道を30分くらい進むと、**薬研温泉**に至り、そこでは原生林の中での渓流釣りを楽しむことができる。その渓流にそった道路を下ると、イカ釣り船で有名な大畑漁港に至り、そこから左に向かえば本州最北の大間崎だ。大間に行く途中に風間浦村があるが、そこにはイカソーメンで有名な**下風呂温泉**がある。そこに井上靖が逗留して小説『海峡』を書いた。大間町から佐井、脇野沢を結ぶ海峡ラインについては最初に書いたのでここでは繰り返さない。

一方**津軽国定公園**は、津軽半島から西海岸、そして岩木山を含むエリアだ。このエリアはいわゆる手つかずの自然が残されたエリアではない。しかしスケールの大きな断崖である**竜飛崎**をはじめ、砂丘植物が見られる**七里長浜**、夕陽が美しい**西海岸**、ブナの原生林に囲まれた**十二湖**と、変化に富んだ自然を堪能できる。

一方岩木川沿いの田園地帯と岩木山の裾野のりんご畑は、別な意味での美しさを感じさせるエリアだ。特に岩木山は津軽平野のどこからでも眺望できる名山で、津軽の人に愛された山だ。岩木山の頂にかかる雲の造形は、まさに天の芸術作品と言える。

名山名士を出だす　此語久しく相伝う　試みに問う厳城（岩木）の下　誰人（タレヒト）か天下の賢

これは明治のジャーナリスト、陸羯南が岩木山を仰ぎながら詠んだ詩だ。津軽の人は誰でも岩木山を見ながら成長してゆく。

この岩木山が海に沈み込む場所にあるのが**鰺ヶ沢町**だ。今はスキー場と海水浴場、そして漁港の町として知られているが、かつては津軽藩の海運の拠点として栄えていた。岩木川、十三湖経由で廻米が鰺ヶ沢に集められ、そこから西廻りの航路で上方へ米が輸送されたのである。しかし青森港の発展や鉄道の普及で明治後期に交易港としての役目を終えた（注：この鰺ヶ沢港の隣に作られたのが七里長浜港で、直線距離では、ロシアのウラジオストクに本州では最も近い港湾である。現在までの施設利用は建設資材となる砕石が中心だが、豪華客船の入港など機能拡大が期待されている）。

そして鰺ヶ沢の町を車で抜けると、白神山地から流れてくる赤石川に出くわす。その渓流を20分ほど車で上ると、日本百瀑に選ばれた**くろくまの滝**に至る。この滝は高さ85メートル、幅15メートルで県内最大だ。その遊歩道を一周すると、第2の滝、第3の滝を見ることができる。なお、赤石川渓流の横にある道を登れば白神にいたる。

この鰺ヶ沢から岩崎に至る西海岸を走る五能線では夕陽を見るための観光列車が走っている。鰺ヶ沢を過ぎると深浦だ。ここで最初に出合うのが北金ケ沢にある日本一の大イチョウで、2004年に国指定天然記念物に指定された。

そして次に出合うのが「日本の夕陽百選」に選ばれた千畳敷海岸だ。これは1792年の地震によりできた隆起海岸で、その昔、津軽の殿様が千畳の畳を敷き酒宴を催したといわれた海岸だ。

そこから長く美しい海岸線を走るとやがて岩崎村（現深浦町）にいたる。この村には十二湖がある。十二湖は、海岸からちょっと入ったブナ林の中に点在する三十三の湖沼群で、その中でもっとも有名なのは青インクを流したような神秘的様相を見せる青池だ。また浸食崩壊によって凝灰岩の白い岩肌がむき出しになった日本キャニオンも見所の一つ。なお岩崎からも白神に登ることができるが、この登山道からはブナの樹海の他、日本海の日没を拝むことができる。

というわけで、青森県は山、海岸、湖沼と、ありとあらゆる自然を堪能できる美しい県である。

四季折々に感ずる青森の豊かさ

子どもの頃、町の映画館で『忠臣蔵』の映画が上映されると、かならず家族で観に行ったものだ。ところで、先ほど青森の落人伝説の話をしたが、実は私の住んでいる町に、かつて赤穂浪士、大石内蔵助直系の子孫と名乗る人が住んでいた。これは戦前から終戦後にかけての話だ。これがもし本物ならば大石内蔵助の三男、大石良恭の子孫だと思われるが、確かなことはわからない。しかしこれは地方新聞にも紹介されて一時話題となった話である。もし偽物だとすると、彼は内蔵助の子孫を名乗って地方を渡り歩いた「タルチュフ」だったことになる。

ところで『忠臣蔵』では、討ち入りの日に雪が降ってくる。雪の中で立ち回りを演じ、吉良の鮮血が雪に飛び散る。そして雪の中で陣太鼓が鳴る。あのシーンは雪がなければ絵にならない。

一度私は、討ち入りの日に泉岳寺を訪れたことがあったが、その時雪は降っていなかった。空は燦々と晴れ渡り風が吹いていた。なるほど東京では、冬は晴れと相場が決まっている。

第一幕では雪の怖さについて語ったが、あれは私の本意ではない。実は雪は美しくありがたいものなのだ。薄雪、粉雪、細雪、どか雪、べた雪、ぼたん雪と、雪を表わす言葉は多様だが、**青森の冬**は日替わりで表情を変える。しんしんと雪が降り積もる夜は「雪女」が歩いているし、吹雪の夜は「雪の女王」が現われる。

嬶《カガ》ごと殴《ブラタ》いで戸外《オモテ》サ出ハれば　まんどろだ　お月様だ
吹雪《フ》イだ後の吹溜《ヤブ》こいで　何処《ドゴ》サ行ぐどもなく俺ア
出ハて来たンだ　ドシたてあたらネ憎《ニグ》ぐなるのだべナ
憎《ニ》ぐがるのア愛《メゴ》がるより本気ネなるもんだネ
そして今まだ愛《メゴ》いど思ふのア　ドしたことだバ
ああ　みんな吹雪《フギ》と同《オンナジ》しセェ　過ぎでしまれば
まんどろだお月様だネ

（高木恭造　方言詩集『まるめろ』より）

高木恭造は眼科医だった。私は小学校の時、いつも高木恭造の病院の前を通って学校に通ったが、病院の看板に巨大な目が描かれており、そこを通るたびに恐怖を味わったものだった。あのおっちゃんが詩人であるのを知ったのはだいぶ後のことだったが、彼の詩には雪がつきものだ。

実際、雪の降らない冬というのは気の抜けたビールのようなものである。

クリスマスも正月も、できれば雪の中で過ごしたい。雪下ろしや除雪の苦しみを口にしながらも、青森の人間はやはり雪を愛している。たとえば子どもであれば、正月は雪だるまやかまくら、雪合戦に興ずることになる。スキーやスノーボードなどのウィンタースポーツに自然に馴染むことになる。そして各地の川や浅瀬に白鳥が飛来する。

雪祭りも各地で行なわれ、無形文化財の神楽、獅子舞、伝統芸能が演じられる。特に**八戸の「えんぶり」**、**東通村の「下北能舞い」**は必見だ。「えんぶり」は、明治時代から八戸とその周囲で伝わる初春の神事で、馬の首を象った烏帽子を被った数人の踊り手が、笛と太鼓、手平鉦に合わせて踊る舞である。一方「下北能舞」は、15世紀から伝承されてきたとされる修験能の一つで、平成元年に国の重要無形民俗文化財の指定を受けた。

雪はまた水をもたらしてくれる。白神のブナ林は、冬の間に積もった雪を濾過し、おいしい水に変え、それを貯蔵する。ブナ林は自然のダムで、青森では一年中おいしい水が飲める。そして雪は、空気中の塵を包み込み、地面に落とし、空気を浄化する。おいしい水にきれいな空気、これがいつも近くにある。

長い冬が過ぎると**春がくる**。春の訪れは雪の下から現われる。雪の中から成長して花を咲かせる福寿草が顔を覗かせれば春はすぐそこだ。

その頃津軽のリンゴの木はピンクに色づく。膨らんだ芽がピンク色に輝くからだ。そして雪が融けた頃に黄色いサンシュウの花が咲く。

白いこぶしの花が開く頃には、黒い地面が緑色に変化してくる。この時期にはタラの芽やバッケの天ぷらが食卓を飾る。

梅の花が咲いた数日後に、桜が開花する。ここからは花のシンフォニーだ。木蓮、水仙、芝桜、ハナズオウ、タンポポ、菜の花、ツツジ、サツキ、牡丹にシャクヤクと、5月はあちこちの花の名所で花を堪能できる。そして野山はエメラルドグリーンの春モミジだ。八甲田では春スキーという楽しみ方もある。もちろん春はどこでも美しいが、青森の春の美しさは格別だ。

青森の夏は短い。しかし短いが結構暑い。この暑い間、青森の人間は祭りに燃える。青森の祭りは主として灯籠形式と山車形式、そして盆踊り形式に分かれる。灯籠は青森ねぶた、弘前ねぷたをはじめ、各地にある。一方山車形式の代表は八戸三社大祭、田名部祭りで、これも各地にさまざまな山車が残っている。そして神楽や盆踊りでは、南部地方の田子神楽、南部手踊り、ナニャドラヤ、駒踊り、津軽地方の黒石よされ、金木奴踊りなど、いずれも独特な味わいを持った踊りが演じられる。

まさに夏の青森は祭り一色だ。もちろん西海岸、外ヶ浜、夏泊半島、種差海岸と、海水浴場も多く、潮干狩り、海釣りも楽しめる。そして山間部では登山やキャンプ、山菜採りが楽しめる。バカンスという習慣は日本ではまだ定着していないが、別荘を作るなら青森がお勧めだ。

青森の秋は収穫の秋だ。そして野山は鮮やかな色彩に覆われる。ススキとコスモスが風に靡き、木の実がたわわに実る。そして岩木山の夕焼けを背景に、赤とんぼが空を飛ぶ。

私が秋の野面を歩いて感ずることは、利用できる土地は頭が下がるほど人の手が入り、稲は見事に穂を垂れ、リンゴは玉のように輝いているという事実だ。

田圃や畑をここまで作るのに、土壌改良や水利工事を含めて何十年かかったかわからない。先人の努力が毎年富を生み、それが土地の人々の生計を支えているのである。実にありがたい話だ。

確かに県民所得の統計からみれば、青森は全国最下位のあたりにランクされている。しかし本当のところをいえば、**青森は貧しいようで貧しくない**。住民の誰もが、貧しいながらもそれなりに生きている。貧しさというのは見せかけなのである。青森の人間は、豊かであることをカムフラージュしているだけなのだ。

私はこれを、農業経済の懐の深さと名付けたい。例えば5人家族がいたとする。一人一人の収入は少なくても、5人合わせればかなりの収入になる。青森では、農業以外にも、公共事業、農工団地、パートタイマーと家族総出で働いている。その収入を全部合わせると、かなりの収入になる。

土地代はただ同然なので、住居費はほとんどかからない。つまり家族の仲さえ良ければ、実はリッチに暮らせるのだ。

今農業経済と銘打ったが、農業は実際の作物以外にも、保水や空気清浄など量り知れない経済価値を生んでいる。そして**美しい景観という付加価値を生み出している。それが人心の荒廃を防ぎ、社会不安の防止にも役立っている。**この満足感は、農業に従事しないものにももたらされる。

かつて私は、日曜日ごとに山で犬を放し、その都度英国の貴族の気分に浸ったものだった。山全体が自分の庭のように感じられたからだ。こうした開放感というのは都会では味わえない。

その後**温泉巡り**となるのだが、青森には温泉が数え切れないほどある。酸ヶ湯や碇ヶ関といった山間部の温泉の他に、浅虫温泉や不老不死温泉といった海に面した温泉もある。鉱泉から単純泉、低温から高温まで変化に富んだ温泉があちこちにある。青森や八戸の市街地にもたくさんの温泉があり、それが朝からやっている。

小原庄助さん、なんで身上つぶした。朝寝朝酒朝湯が大好きで、それで身上つぶした、

あ〜もっともだぁ、もっともだぁ

上　山間の温泉　大鰐温泉
下　海の温泉　浅虫温泉

これは民謡「会津磐梯山」の一節だが、青森では朝から温泉に入ることができる。温泉で体を流してから仕事に行く人間がたくさんいる。しかも入浴料は、2～300円といったところだ。温泉は美容効果の他、さまざまな医療効果がある。だから毎日温泉に入る女性の肌は美しく、エステに行く必要はない。老人は温泉につかった後、井戸端会議で時間を潰す。そこでは金持ちも貧乏人もない。皆平等だ。都会の人間がもし同じようにストレスを解消しようとすれば、ホテル代や旅費で何万円もかかるだろう。温泉は田舎人の宝だ。

温泉の帰りに朝市に寄れば、野菜や果物が安く手に入る。海の幸も豊富だ。だから食費もあまりかからない。

してみれば、**田舎というのは、実は我々が考える以上に豊かな生活圏なのである。**田舎に比べれば都会の貧しさは深刻だ。都会では、いくら稼いでもそれ以上に金がかかるからだ。

「稀人信仰」が生んだリンゴと桜

民俗学や文化人類学で、日本文化を特徴づける言葉は多い。「うわばみ文化」「雑種文化」「るつぼ文化」「縮みの文化」などだ。これらは、日本文化が島国文化であることを表わした概念である。

通常大陸では、異文化が接触すると、征服もしくは通過という形態に移行する。ところが島国では、流入した異文化が混ざり合い、やがて融合した新しい文化が生まれてくる。

こうしたことを繰り返してゆくと、島国の人ほど異文化に対する受容性を持つようになる。異文化というのは、「めでたい」お土産のようなものなのだ。したがって、外人は恐ろしい存在ではなく、稀人として迎えられる。この「稀人信仰」は日本人の持つ特質の一つである。一方では「鎖国」、「尊皇攘夷」、「国粋主義」の伝統を持ちながら、内心は外人に憧れを持つのが日本人だ。「ガイコクジン」と「外国帰り」は今でも日本で持てはやされる。テレビをかけると、「ヘンナガイジン」と「外国帰り」が幅をきかせている。

これと同じことが青森でもいえる。青森のような辺境の地では、他所からやってくる者は、皆「稀人」だ。征服の時代が過ぎると、青森に断続的に落ち延びてきた人は、皆「客人」としてもてなされた。

▼青森リンゴとキリスト教

その青森に青い目の外人がやってきたのは明治時代だった。

近年注目を浴びている英国の旅行家イザベラ・バードが青森にやってきたのは1878（明治11）年のことだ。彼女の紀行文の中で興味深いのは、彼女が現われると、集落の住人がみんな集まってくるという記述である。しかし彼女は、集まってきた異人に脅威を感ずることはなかった。危害を加えられたり、法外な金を請求されたことが一度もなかったからだ。そして青森の住民も礼儀正しく、彼女を感心させた。

イザベラ・バードは大館から矢立峠を越えたところで洪水により足止めを食らい、碇ヶ関温泉に停泊した。近年、彼女が歩いた峠道が復元されたが、それはやはり小川に沿った道だった。彼女は碇ヶ関から黒石に向かい、弘前には立ち寄らなかった。しかしその時、すでに弘前には青い目の外国人が住んでいた。アメリカから東奥義塾高校の英語教師としてやってきたジョン・イングである。

このジョン・イングは、1874年のクリスマスに教え子にリンゴをプレゼントし、塾生に喜ばれた。そこでイングは、リンゴ、トマト、キャベツの苗と種子を輸入して栽培の指導を開始する。

これが現在に至る青森リンゴの始まりなのだ。この経緯は、青森県が生んだ劇作家、工藤達郎の『林檎事始』の中に描かれている。つまり青森リンゴの始まりはクリスマスプレゼントだったのである。「賢者の贈り物」とはこのことだ。

（注：公式には、1875年、当時の内務省勧業寮が配布した苗木3本を県庁構内に植えたのが、青森リンゴの嚆矢とされている）

なお、青森県は単にリンゴ栽培を始めただけでなく、リンゴの品種改良や栽培技術の確立に不断の努力を注いできた。最近、無農薬無施肥リンゴの栽培に成功した木村秋則さんのことが話題となったが、他にもりんごの病害研究に打ち込んだ木村甚弥も忘れられない一人だ。

話をイングに戻すが、彼は翌年、弘前にメソジスト教会を作る。これが現在の弘前教会の始まりである。

実は弘前には、メソジスト系の私立高校が2つある。東奥義塾高校と弘前学院聖愛高校だ。私は弘前が空襲に遭わなかった理由の一つがこの教会の存在にあると思っている。実は弘前は、第八師団というかなり大きい軍隊が置かれた場所だった。

第二次大戦時の最北の空襲は青森市であったが、本来は弘前が空襲の候補地であった。師団の置かれた都市で、空襲を免れたのは、京都と弘前であるが、この2つは最終決定で除外されたのである。京都はさすがに破壊できないと判断されたのはわかるが、弘前が除外された理由は、ここに文化財があったからではないだろう。広島にも城はあったが破壊されたからである。裏の理由として、教会関係者が動いたのではなかろうか。

現在も弘前にはメソジスト教会以外に、英国国教会、カトリック教会がある。

（注：ここで参考までに記しておくが、青森市にある明の星高校と八戸の聖ウルスラ学院はカトリック系の学校である）

▼弘前のハイカラ志向

ところで、ここでジョン・イングを弘前に招いた菊池九郎と本多庸一のことにも少し触れておきたい。青森でも、若い人にはほとんど知られていない偉人だからである。

菊池九郎は弘前藩士だった。明治維新の際には、奥羽越列藩同盟のために本多庸一と奔走した。明治元年に慶應義塾、その後鹿児島兵学校に入って砲術を学び、帰郷して立漢英学校（現東奥義塾）を設立する。その後、初代弘前市長、衆議院議員、山形県知事を務め、農務省高等官に就任した。また東奥日報社を創立し、初代社長となった。まさに立志伝中の人である。

菊池の盟友が本多庸一で、先祖は徳川の譜代大名、本多氏に繋がる名家出身の弘前藩士だ。維新後は弘前藩の命令で、英語を学ぶために横浜に留学、やがてキリスト者となる。弘前帰京後、廃藩置県の影響で廃校となっていた東奥義塾を再興し、塾長を務め、ジョン・イングとともに弘前教会を設立した。その後アメリカに留学、帰国後は青山学院大学の学長となり、日本メソジスト教会の初代監督となった人物である。

この本多の友人に中田重治という人物がいるが、彼は弘前藩の足軽出身で、内村鑑三らと交流し、日本ホーネリウス教会の初代監督となった人物だ。

もちろん、私の本意は、日本キリスト教会史について学ぶことではない。私がここで言いたいことは、弘前人の持つ進取の気性、ハイカラ志向を指摘したいのである。


たとえば太宰治は弘前の出身ではないが、彼がキリスト教とマルクス主義に触れたのは弘前の地であった。マルクス主義と言えば、弘前大学は学生運動が華やかなりし頃、赤軍派の拠点大学の一つだった。弘前には哲学大好き人間が多く、たくさんの思想家を輩出している。

弘前に明治時代の洋風建築が数多く残されていること、喫茶店やフランス料理の店などが多いのも、弘前人の「ハイカラ」志向の現われである。洋風建築と言えば、**弘前学院外人宣教師館**（重文）を造った桜庭駒五郎、**青森銀行記念館**（重文）を造った堀江佐吉が有名であるが、他に**煉瓦倉庫**の福島藤助も忘れられない。弘前出身ではないが、ル・コルビジェの弟子前川國男（母が弘前出身）の建築物が8つあるのも弘前の売りの一つとなっている。

太宰が通った喫茶店「**万茶ん**」は戦前から存在する老舗だが、他にクラシック喫茶「**ひまわり**」もまもなく創業60年を迎える。弘前市の老舗の洋菓子店「**ラグノオ**」の名前は、エドモンド・ロスタンの『シラノ・ド・ベルジュラック』に登場する菓子店の名前で、19世紀のパリに実在した御菓子屋の名前を取ったものである。この名前を命名したのは、元女子美術大学の学長、佐野ぬい（弘前市出身）さんと聞いている。

こうしたハイカラ志向の理由の一つに、京都や奈良のような伝統がこの地に初めから存在しなかったということが挙げられるかもしれない。もちろん弘前は城下町だから古い建物（重文）も多く、弘前独特の閉鎖性もあるのだが、それ以上に新しいものや外国文化を受容する気風に溢れている。

そんなわけで、弘前周辺からは、ロシア文学やフランス文学、また英文学の翻訳家が多数出ている。そうした翻訳家としては、英文学の佐藤亮一、柳田泉、20世紀アメリカ文学の野崎孝、19世紀ロシア文学の鳴海完造、工藤正廣、菊池仁康、町田清朗、19世紀フランス文学の小倉孝誠、ドイツ哲学の須藤訓任《のりひで》などがいる。ちなみに最後の2人は、私と高校の同期だ。

▼弘前の桜

今の話と弘前公園の桜を結びつけることには無理があると思いつつ、ここで弘前の桜についても語ろう。5月の連休に日本一の人出を誇る**弘前城の桜**は、1715年、弘前藩士が25本のカスミザクラなどを京都から取り寄せて植栽したことに始まる。これも当時のハイカラ志向の現われだと思うが、感心なのはそれを生かし続けたということだ。この桜が今も城内に残っている。

明治時代、弘前城は荒れ果ててしまうが、その荒廃ぶりを見かねた旧藩士**菊池楯衛**が1882年にソメイヨシノを植えた。これが、現在我々が目の当たりにする桜の始まりなのである。この時の

上　日本最古のソメイヨシノ（弘前公園内）
下　旧市立図書館（明治の木造洋風建築）

桜は日本最古のソメイヨシノとして、今も花を咲かせている。こうして1895年に弘前城址は弘前公園として開園されるが、1952年には国史跡に指定され、1989年には鷹揚園（弘前公園）として都市公園百選に選ばれた。また2006年には日本の歴史公園百選にも選ばれている。なお菊池楯衛はリンゴの接木、剪定技術を確立した偉人でもある。

有名な桜のトンネルは、お堀に桜が映《うつ》ることでますます映《は》える。そしてあちこちに立つ松の緑が、弘前の桜をますます鮮やかに浮かび上がらせる。そして本丸から見える雪をかぶった岩木山、その美しさはこの世のものと思われない。太宰治は『津軽』の中でその情景を次のように描写している。

あれは春の夕暮れだったと記憶しているが、弘前高等学校の文科生だった私は、ひとりで弘前城を訪れ、お城の廣場の一隅に立って、岩木山を眺望したとき、ふと脚下に、夢の町がひっそり展開しているのに気がつき、ぞっとした事がある。

実際弘前公園を訪れればわかるが、この城郭はほぼ昔のままの形で残っている。本丸にあった御殿は焼失しているが、櫓、門、松などは江戸時代のままだ。かつての敷地を道路で寸断することもなく昔のままの形が維持されているのだ。

一時は公園内に野球場や、学校などが作られたが、今は植物園に変わっている。実は私は子どもの頃、公園の中にある小学校（その後移転）に通っていたが、今から考えると、公園の中での学園生活は、夢のような時間だった。

（注：２０１５年、本丸を移動する曳屋が行なわれた。石垣が外側に膨らむ「はらみ」がみられたため、石垣を修理することになったのである。現在弘前城は本丸の中央付近に移ったが、これがまた元に戻るのに十年かかる見込みである。弘前城が元に戻るまで生きていたいと願っているが、やや自信がない）

このように、古いものを残したまま、新しい美を追求してゆく先人の知恵には、今更のごとく頭を垂れずにおれない。

なさそうである青森グルメと特産品

リンゴの花びらが～

美空ひばりが「りんご追分」を歌った時から青森の特産はリンゴと相場が決まっている。ただこの歌の津軽弁はニセモノである。セリフに「あのころ東京さで」とあるが、この「さで」の使い方がまちがっている。それはさておき、リンゴの他に「サクランボ」も特産だってことを知っている県外人は何人いるだろうか。別に太宰の小説『桜桃』と関係づけるわけではないけれど……。

ちょっと古いが、２０１０年の生産額でいうと、青森県が全国一を誇るのは、**リンゴ、ゴボウ、ヤマイモ、ニンニク、イカとヒラメの水揚げ**。全国2位に**桜桃とホタテ**、３位、４位に、**ダイコン、ニンジン、サケとタラの水揚げ**がくる。

（注：2013年の農業産出額では、青森県は東北1位、全国8位となっている。イカの水揚げはその後北海道に抜かれた）

これに加え、2015年の秋には、青森県初の特Aに認定された米「**青天の霹靂**」が発売された。この米がコシヒカリのようなブランド米に成長してゆくのを願うばかりだ。

それにしても、この結果を見ると、やはり青森は第一次産業の県なんだと思ってしまう。で、青森に住んで困るのは、他県の人に贈答品を贈ろうとする時、リンゴとリンゴジュース以外に適当なものが見あたらないということだ。

リンゴといえば、ジュースはもちろんだが、リンゴ酒である**シードル**も昔から特産品となっている。弘前にはニッカのシードル工場があり、ここで生産されたシードルは全国的に販売されている。また最近では「**アップルパイ**」が弘前の名物になりつつある。2003年に「巨大アップルパイ世界に挑戦する会」がギネスに挑戦するアップルパイの製作に取り組み、洋菓子店や喫茶店でもアップルパイの売り上げが急増しているからだ。

こうした農産物の二次加工品は他にもたくさんある。例えばニンニクの生産で有名な田子町には、**ニンニクを使った多種多様な商品**の売り出しを図っている。また最近では、中泊町をはじめとして**ブルーベリー**の生産も増え、その二次加工品が人気となっている。

ただ、多くの場合、ほとんど知られていない。しかし、有名でないからといって、青森に人に喜ばれる食べ物がないかというと、そんなことはない。単に宣伝が下手なだけだ。

これについてはお叱りを受けそうだが、全国的に知られるお土産品が、本当にユニークなものかといえば疑問だ。たとえば浅草の人形焼と広島のもみじ饅頭の味はたいして違いはない。違いがどこにあるかといえば、それは形でしかないだろう。しかしこの2つは全国的に知られ、お土産品として売れている。青森にも似たような饅頭はあるが、全国的にはまったく知られていない。青森県人には売る戦略が不足しているのである。

NHKの大河ドラマ『いのち』を記念して作られたカスタードケーキ「いのち」や、太宰治の小説『津軽』の初版本を模したパッケージにクッキーを入れた「津軽」など、アイデア商品も誕生しているが、こうした商品は一時的に話題となるが、なかなかブランドに成長するのは難しい。弘前の和菓子屋「**大阪屋**」は寛永7（1630）年創業の弘前一長い歴史を持つ和菓子の店で、弘前藩お抱えとなってから380年という歴史を持っている。しかしこれも、地元以外に知られていないことだろう。

実際青森人は商売が下手だ。観光客が青森を訪れて一番驚くのは、青森の人が商売熱心でないことだろう。態度の大きな客に対しては、販売お断りを宣言する店がかなりある。特に「武士の商法」の伝統を持つ弘前ではその傾向が強い。

そもそも青森にはサービス業の伝統がない。店員はセールストークが下手だし、客のほうもヨイショを聞きたいとは思っていない。実は弘前には市民に愛されていた「戸田のうちわ餅」という「餅屋」があったが、この「餅屋」などは夕方になる前に閉店する店だった。朝に餅を作り、売り切れたら閉めるからである。市民に愛されている店ほどこんな感じだ。だからといって文句を言う人はいない。一番嫌われるのは、歯が浮くような愛想を言い、中身のない店である（注：残念ながらこの餅屋は数年前に店主が死んで本当に閉店となったが、２０１６年春、息子によって復活する見込みと新聞報道された）。

これから**青森グルメ**を紹介するが、今述べた理由から、グルメについても全国的に知られたものはほとんどない。ただし旨いものを食わせる店は結構多い。人口に比して食い物屋の数は多いので、まずいとすぐ潰れてしまうからだ。

もっともこの本で取りあげるとすれば、日本中どこにでもあるような食べ物を紹介しても始まらない。青森にしかないと思われるグルメを見つけ出さなければならない。そんな食べ物が、果たして青森にあるのだろうか……。

そう思って頭を捻ると、さっそく思い浮かんできたのが、私が住む町で生産されるもやしがある。これは「**大鰐もやし**」といって、日本のどこへ行っても味わえない食材だ。真冬に温泉水で栽培されるのだが、ひょろ長く、生のまま食べられ、そのさくさく感がなんとも言えない食べ物だ。

こんなことを言うと、さっそく笑い声が聞こえてきそうだ。

「モヤシを売ってどうなるの。儲かるわけないじゃない」

まったくその通りである。「大鰐もやし」は、近年全国版のテレビで紹介されて有名になったが、今でもこれを作っている業者は数軒しかなく、朝八百屋の店頭に並ぶと、昼にはもうなくなってしまう。だから宣伝しても始まらない。が、それを承知で今紹介しているのだ。

青森県の各町に、こうした町だけの特産品があるのだが、あるいはこの稀少性こそが、青森の特産品の価値と言えるのかもしれない。

こんな青森だが、最近はあちこちで宣伝にも力を入れるようになってきた。

たとえば青森県には県内各地に煎餅屋がある。もしかして煎餅は、青森県の特産品の一つなのかも知れない。そこで八戸では、煎餅を汁に入れる「**せんべい汁**」という伝統食をご当地グルメとして全国的に売り出し始めた。２０１２年の「Ｂ—１グランプリ」では、八戸せんべい汁研究所がゴールドグランプリを受賞した。

これに続いて２０１４年の「Ｂ—１グランプリ」でゴールドグランプリを獲得したのが十和田バラ焼きゼミナールの「**十和田のバラ焼き**」だ。これは牛のバラ肉とタマネギの鉄板炒めだが、この地方で作られる独特のタレとコラボして、絶妙な味わいを出している。同様に「**黒石のつゆ焼きそば**」もＢ級グルメで売り出しを図っているが、これは焼きそばにつゆを入れて食べる料理だ。他に青森の「**生姜味噌おでん**」、「**イカメンチ**」も郷土料理として売り出しを図っている。

青森県では、他に杏子を梅干しとして食べる習慣があり、これも「**杏梅干**」として売り出されている。これも最近テレビで紹介された。

岩木山の山麓の嶽温泉で栽培している「**嶽きみ**」というのも、他ではなかなか味わえないトウモロコシだ。つぶの量が多く、しかも実が大きい。まさにプリンプリンのトウモロコシである。現在ブランド化しつつあり、ネット販売も盛んになった。

嶽温泉には、他に「**竹の子鮨**」、「**マタギ飯**」という特産品がある。前者は竹の子をタップリ入れた押し鮨で、後者は山菜とキジ肉によって作られた混ぜご飯である。いずれも、独特の風味を持っており、地元の人に愛されている。

弘前市や青森市の「**津軽漬**」、「**ねぶた漬**」も、数の子がたっぷり入ったユニークな漬け物だ。また鯵ヶ沢町と浅虫温泉にある「**久慈良餅**」も、クルミの入った独特の食感がある餅である。八戸には、主にイカを材料とした水産加工品会社がたくさんあり、ここで生産している海産物にはユニークなものがたくさんある。サキイカとチーズをミックスさせた「**なかよし**」などはお勧めの一品だ。

郷土料理でいうならば、津軽一帯の家庭料理「**ケノ汁**」が思い浮かぶ。野菜や山菜を細かく刻んで味噌汁に入れる郷土料理で、食べたら癖になる。ただし、「ケノ汁」も店によって味が違うので、統一ブランドとはならないだろう。

また「**イカ飯**」も青森の郷土料理といえるが、絶品は子がたくさん入ったヤリイカの「イカ飯」だろう。「**ホタテの貝焼き**」と「**ホヤの吸い物**」は青森市で味わいたい料理で、青森では「ホタテの貝焼き」を卵味噌と一緒に食べる。青森は**寿司**も旨いところで、市内のあちこちに寿司屋がある。

駅前に市場があり、新鮮な食材がいつでも手に入るからだ。そしてホヤやナマコなど、他ではなかなか味わえないネタを賞味できる。ちなみにホタテは青森市の隣にある平内町が戦後養殖に成功して青森県の特産品となった。

十三湖や小川原《おがわら》湖の「**シジミ汁**」も現地に行って味わいたい郷土料理だ。シジミ貝が大きく、汁の味付けも独特だ。飲んだ後に飲むと悪酔いしない。

西海岸では「**ウニ丼**」、「**イカの生干し**」、それから秋田経由の「**ハタハタのしょっつる鍋**」が味わえる。鰺ヶ沢町の「**イトウ**」も他では味わえない食材だ。

上北では東北町の「**長芋料理**」、六戸町の「**青森シャモロック**」。下北では、**タラ料理、ナマコ料理、毛ガニ、イカ、マグロ料理**がお勧めだ。ウニとアワビの潮汁「**イチゴ煮**」のような水産加工品は八戸。県南地方では五戸町の「**馬刺し**」、階上《はしかみ》町の「**ソバ**」などが名産である。

ご当地グルメではないが、ここで**弘前市のグルメ観光**についても一言ふれておく。近年弘前市は、「**フランス料理の町**」「**喫茶店の町**」というキャッチフレーズで町おこしを始めたが、私としては、むしろ「**日本そば屋の町**」という触れ込みの宣伝をしてもらいたい。日本そばの専門店が実に多いからだ。中でも自信をもってお勧めできるのが、弘前の老舗「**高砂**」だ。ここの天ぷらそばは絶品である。

「弘前ラーメン」というブランドはないが、弘前には独特の手打ちラーメンがある。またスープも煮干し出汁が多い。JR駅にある「**津軽ソバ**」もなかなか他では味わえない食感のソバだ。2011年に『津軽百年食堂』」(監督・大森一樹、原作・森沢明夫)という映画が作られ、ラーメンの売り出しも始まった。実際弘前に限らず、青森県にはラーメン屋が多く、その消費量は全国トップクラスである。

最後は**地酒**だが、青森の「**田酒**」、「**喜久泉**」。弘前の「**豊盃**」、「**松緑**」、「**白神**」。八戸の「**陸奥男山**」。つがる市の「**明ケ烏**」。十和田市の「**鳩正宗**」。黒石市の「**菊乃伊**」。五戸町の「**菊駒**」。七戸町の「**駒泉**」。鰺ヶ沢の「**安東水軍**」。板柳町の「**岩木正宗**」といくらでもおいしい酒が飲める。というわけで、決定打に欠くが、青森でも年がら年中旨いものを味わうことができる。

続いて特産品の話をするが、例えば、弘前には「**津軽塗**」という伝統工芸品がある。これは俗に津軽の「馬鹿塗」といって、繰り返し何度も漆を塗り重ねる極めてユニークな文様の漆器だ。江戸前期、津軽藩が若狭の塗師、池田源兵衛を召し抱えたことから始まった。弘前市内には津軽塗のお店があちこちにあって観光客に喜ばれている。またブナを使った「**ブナコ**」は産経省のグッドデザイン商品に認定された弘前の木工民芸品だ。

同様に、津軽の「**こぎん刺し**」、南部の「**菱刺し**」、「**裂織**《さきおり》」は伝統的な麻布と木綿による織物だ。多くは個人の制作だが、十和田市には裂織の工房があり販売のために制作している。また黒石の「**温湯**《ぬるゆ》**こけし**」は、今もこけしファン垂涎のこけしを作っている。

他に「**津軽凧**」、「**弘前刃物**」、「**錦石**」、「**八幡馬**」、「**あけび細工**」などがあるが、どれも他の地域とは異なるユニークな工芸品だ。

このように、青森には、個性的な特産品がたくさん存在する。しかしどれをとっても大量生産はできないものばかりである。これらの特産品が産業として成り立つためには、観光客をたくさん呼び込む施策が求められるが、正直言って、これぐらいでいいのかなとも思ってしまう。あまり売れないからこそ良さを保っているようなところもあるからだ。商業主義に汚染されていないこと、これが愛せるところだ。

上　津軽塗（「観光館」展示物）
下　こぎん刺し（「ねぷたの館」展示物）

有名人にみる独特な青森人気質

青森県出身だって全国的にも名が通る有名人はいる。この最果ての地は、果たしてどんな人材を輩出しているのだろうか。

これについて調べてみると、すぐ判明するのは、政界人と財界人がほとんどいないという事実だ。いわゆる地方の篤志家、官僚などはいるのだが、権力を握って国を動かそうとか、事業を興して上場企業のオーナーになろうという人は少ない。

それにしても、これはまさに予想通りの結果で拍子抜けの感がある。欲がないというか、野心がないというか……。

これに対して多いのがいわゆる文化人と称される人々だ。次に多いのがスポーツ選手である。

▼相撲をはじめとするスポーツ部門

まずスポーツ選手から話を始めるが、スポーツといっても、野球などの花形スポーツで活躍している人は少ない。スキーの**三浦雄一郎**、競輪の**坂本勉**、ソフトボールの**斎藤春香**、アーチェリーの**古川高晴**など、どちらかといえば、地味でマイナーな競技で名をなしている人が多い。また格闘技が多い。格闘技でいえば、柔道の**斉藤仁**、**泉浩**。レスリングの**伊調姉妹**、**坂本姉妹**、**赤石光生**。ボクシングの**レパード玉熊**、**畑山隆則**。プロレスの**ケンドー・カシン**、**船木誠勝**、キックボクシングの**浅瀬石真司**などが青森県出身だ。このうちレスリングは、八戸がレスリングの盛んな町であったことが選手を輩出する理由となっている。また昔から青森は卓球の盛んな町である。

しかしなんといっても、他県に対して誇れるのは相撲だろう。青森県は、**6人の横綱**、**7人の大関**、**11人の関脇**、**9人の小結を輩出している相撲王国**である。なお歴代関取の数でいうと全国一となっている。これに前頭、十両、幕下を含めれば何人いるかわからない。

今でこそ関取といえば、モンゴルと相場が決まっているが、ひところは幕内に何人もの青森出身者が名を連ねた時代があった。青森県が最初に生んだ横綱と言えば三戸町出身の**鏡里**だが、実は津軽出身の関取が多い。ではなぜ津軽から関取が多く出るのか。

一つ言えるのは、いわゆる津軽出身の関取の多くは、いわゆる巨漢の豪腕型ではなく、体が小さい粘り腰型であるということだ。土俵際で粘って、相手をひっくり返すパターンの相撲取りが多い。

弘前市出身の**初代若乃花**がそうだった。初代若乃花は、子どもの頃、米俵を運ぶ仕事をしていたようだが、そうしたことが影響しているのかもしれない。

実は私が子どもの頃、近くに荷物運びの人が住んでいて、この人が十両まで上ってから都落ちした人だった。彼は子どもの私を見るたびに、相撲取りになれと勧めたものだ。私がノッポだったからである。結局私は相撲取りにならなかったが、私の二つ上のガキ大将が相撲取りになり、横綱になった。それが**二代目若乃花**である。私の町には、二代目若乃花が寄贈した鐘楼がある。

今も述べたが、結局津軽に関取が多い最大の理由は、初代若乃花の影響と捉えることができる。決して津軽の殿様が相撲好きだったからではない。彼の活躍が津軽人の相撲熱に火を点けたのである。彼が活躍していた昭和30年代、津軽一帯の小学校や中学校の校庭に土俵が作られ、少年相撲大会があちこちで開催された。今でも百以上の学校に土俵があるそうである。そして初代若乃花が二子山部屋を創設すると、津軽からたくさんの少年が入門していった。二代目若乃花も中学卒業と同時に二子山部屋に入門した。その後も津軽から、**初代貴乃花**、**舞の海**、**高見盛**といった人気力士を輩出したが、かつて津軽では、私設の相撲賭博があちこちで行なわれていたというが、現在は、津軽の相撲熱もやや下火となっている。

▼文化人も多い

さて、相撲取りの話をした後は、いよいよ青森出身の文化人について語らねばならない。

ここで文化人という言い方をしたが、これを表現者と言い換えてもいいかもしれない。実は青森県は、何かを表現しようとする人がやたら多い。もちろんどこの県も、ものすごい数の文化人を輩出しているに違いない。単に財界、政界の数に比べると多いという意味である。そこで早速青森県出身の文化人を記すが、今、私の手元にある数百名の青森県文化人リストをそのまま記しても意味はないだろう。ただ人名の羅列になるだけだからである。そこで、敢えて各ジャンルから、知名度の高い人間を数人だけ挙げることにする。ほとんどの人は、私の選択に異議を申し立てるだろうが、その辺のところはご容赦願いたい。

美術関係からいくが、油絵では女優の奈良岡朋子の父である**奈良岡正夫**、版画では**棟方志功**、彫刻では**三國慶一**、現代美術では**奈良美智**、商業美術ではウルトラマンのデザイナー**成田亨**、写真ではピューリッツァー賞受賞の**沢田教一**がいる。

音楽芸能関係では、歌手の**淡谷のり子**、作詞家の**亜蘭知子**、作曲家の**鈴木キサブロー**、津軽三味線の**高橋竹山**、タレントの**新山千春**などが挙がる。

歌手作曲家は結構多いのだが、名前のリストを作成しても意味がないのでこれで勘弁してもらう。全国にブレークしたお笑い芸人は少ないが、ローカルお笑い芸人は結構いる。津軽弁芸人の**黒石八郎**、**野津こうへい**といった人たちだ。

近年増加しているのは**漫画家**、**アナウンサー**、**声優**といった職種に進んだ人たちである。特に漫画家は、昔は**馬場のぼる**しかいなかったのが、最近は何十人もの若手が中央で活躍するようになった。**流石景**、**武井宏之**、**藤崎竜**、**羅川真里茂**、**石塚千尋**といった人たちだ。この漫画家の激増というのは、21世紀に入ってからの新しい青森のトレンドかもしれない。

なお**演劇**、**映画**については後ほど別枠で触れるのでここでは省略する。

一方**学者**については、人文科学から自然科学まで人物を輩出している。古い話では考現学の**今和次郎**、天文学の**一戸直蔵**、現役では経営学の**佐藤允一**、宇宙探査機「はやぶさ」のプロジェクトマネージャー**川口淳一郎**などがいる。

ちなみに、川口淳一郎君は、私と高校の同期で、彼は体操部と放送部をかけもちする文武両道の人だった。一度私が演劇部の効果音を作るために放送室を勝手に占拠した時、彼に「出て行ってくれないか」と怒られたことがあったが、今ではそれも貴重な思い出だ。

今、青森県出身の文化人をそれぞれのジャンルから若干名を挙げたが、まだ挙げていないジャンルが一つある。それは、いわゆる**物書き**だ。

青森県が生みだした人材でもっとも活躍したと思われるのが、作家と呼ばれる人たちなのである。青森県出身で、それなりに活躍した人を列挙すると、百人以上の、俳人、歌人、詩人、劇作家、シナリオライター、小説家、翻訳家、評論家、ジャーナリストの名前が挙がる。

江戸時代にすでに作家が誕生している。**建部《たてべ》綾足《あやたり》**という津軽藩を脱藩した俳人が、江戸に出向いて小説を書いて暮らしている。この人物は、山鹿素行の血をひく才人で、兄嫁との恋で津軽を去り、放浪の末、遊女と結婚した粋人であった。

また明治時代には、反骨の論客**陸羯南**《くがかつなん》、バンカラ文学の**佐藤紅緑**、「婦人之友」の創始者**羽仁もと子**がおり、大正時代には破滅型作家の**葛西善蔵**、そして昭和に入ってからも、**太宰治**、**今官一**、**石坂洋次郎**、**高木彬光**、**三浦哲郎**、**寺山修司**、**長部日出雄**、**三浦雅士**、**鎌田慧**、**ナンシー関**といったユニークな物書きを輩出している。

▼表現者の4つのタイプ

このように、青森からは表現者が数多く誕生しているが、これにはさまざまな理由が考えられる。一つ言えることは、冬が長いという風土上の理由だ。青森では、雪が降る間、ずっと部屋に籠もって夢想にふけらねばならない。絵や文章を描（書）くには適した環境だ。しかしそれが表現者を生み出す条件なら、九州から表現者は誕生しないことになる。もう少し青森特有の何かが潜んでいるような気がする。

そう思ってリストを見回してみると、あることに気がついた。それは、青森出身の表現者は、ほとんどがマイナーな、暗いタイプの人間が多いという事実だ。いわゆる「破滅型」が多く、「反権力」を標榜するタイプが多い。そしてほとんどが一匹狼である。彼らに師匠はなく、何かの組織を背景に表現活動をしている人はほとんどない。郷里から援助を受けたという人もいない。東京で活動しても、青森県人同士で助け合うということもない。ほとんどが孤立無援の中で、自力で活動したタイプが多いのだ。

どんなジャンルであれ、「反骨」は青森の表現者の特性だ。県立美術館の学芸員の高橋しげみさんは、朝日新聞のインタビューに答えて次のように言っている。

「確立したものにあらがい、人と違うことをやろうとする傾向にある」

これについては、彼らのほとんどは、郷里でも受け入れられなかった人たちであることに留意する必要がある。彼らは青森的平等の中で生きるにはちょっと個性が強すぎる輩だった。故郷では異端者で、東京に出てからもエトランジェだった。言葉の壁があるためだ。このどうしようもないフラストレーションが、彼らを創作に駆り立てたのかもしれない。

そうした葛藤に囚われた人間は**4つのタイプに分化**してゆく。1番目は鬱になって破滅してゆくタイプ、2番目は居直って馬鹿をやるタイプ、3番目は唯我独尊に陥るタイプ、4番目は道化を演ずるタイプだ。

1番目の代表としては、**葛西善蔵**が思い浮かぶ。どこまでいってもマイナス志向で、血を流すことで作品を生み出そうとするタイプだ。青森の文学愛好家にはこのタイプが多く、彼らの〝死体〟が累々と積み上がっている。

2番目のタイプについてだが、普段はおとなしいのに、突如ケツをまくって傍若無人な振る舞いに出る奴が結構青森には見受けられる。完全な「ヤボ」と言えないが、間違いなく「粋」とは言えない人たちだ。このように、TPOをわきまえずにとんでもない振る舞いにいたる人間を、青森では「もつけ」と言う。作家でいえば、**佐藤紅緑**がそのイメージを持っているが、歌手の**井沢八郎**、**吉幾三**、**三上寛**、**泉谷しげる**なども典型的な「もつけ」タイプと言えよう。これは蔑称であると同時に「愛称」でもある。

3番目のタイプを特徴づける津軽の言葉が、「じょっぱり」である。弘前には「じょっぱり太鼓」という巨大な太鼓があり、ねぷた祭りで先頭を行く。かつて弘前駅前には「ジョッパル」というショッピングセンターがあった（今は「ヒロロ」に名前を変えている）。

「じょっぱり」というのは、強情張りからきた言葉だ。ひとつのことに囚われるとどこまでもそれを押し通す融通がきかない性格をさしている。最近はそうでもないが、これも昔は確かに「じょっぱり」が多かった。「じょっぱり」は人の話に耳を傾けない困った輩であるが、あきらめない、忍耐強さを示す言葉でもある。作家で言えば、**陸羯南**がじょっぱりタイプのような気がするが、他の有名人で言えば、**淡谷のり子**、**棟方志功**、**高橋竹山**がそうかも知れない。ただし、外の世界を知らない田舎の「じょっぱり」は「イソップのカエル」となってしまう。

そして4番目の道化とくれば、2人のシュウジを思い起こせばよい。**太宰治**（本名、津島修治）と**寺山修司**だ。この2人は異なる性格だが、似ているところが2つある。「コスモポリタン」で「人たらし」であるという点だ。

「コスモポリタン」については、青森の社会には強力な権力が存在しなかったことを思い起こす必要がある。逆に言えば、青森の人間は伝統に縛られることがない。伝統から出発するのではなく、伝統から断ち切られたところから出発せざるをえない。しかし伝統から断ち切られているということは、逆にコスモポリタン的な性格を形成する契機ともなる。**青森特有の土俗を意識しながらも、一方では世界的な視野を持つことが可能となる。**太宰や寺山にはそうしたところがあった。

また「人たらし」というのは、要するに自分でシナリオを書いてそれを演じ、相手を撹乱してしまうパターンを指している。どうしてそうなるかと言えば、そうしないと世の中を渡ってゆけないからだ。太宰も寺山も、青森にあっては、道化を演じなければ「エフリコキ（格好つけ）」になってしまっていたろう。そして東京にあっては、演ずることによって、相手と渡り合う術を身についていったと思われる。

とまれ青森県出身で何か野心を抱く人間は孤独であるに相違ない。最初からマイナスを背負って突き進まねばならない。しかしマイナスから出発するからこそ、逆に立つ瀬もあるのである。

寺山修司は、そのマイナスをあえて作りだし、逆に売りにした人だった。彼は弘前市の生まれだが、弘前生まれでは自分の物語を描くことができなかった。そこで母親を娼婦に仕立て、汽車の中で生まれたなどとうそぶいて、世に出て行ったのである。

もし彼が、実は弘前公園の近くに生まれ、田舎の優等生だったことを前面に出していたら……。

第3幕

ほらほら青森の幸せ

軌道に乗り始めたプロジェクト

今まで、青森の悪いところと良いところをいろいろと論じてきた。しかしこの本は、ただ過去の青森について振り返る本ではない。青森の現在と未来を展望する本でもある。

そこで第3幕では、青森で現在進行中の地域おこしに目を向けてみるが、そこで思い出すのは、「一億円ふるさと創生基金」という大判振る舞いの国家事業だ。

これはバブルが崩壊する前に、竹下登首相（当時）が発案した、すべての自治体に一億を配り好きなように使って下さいという内容の事業だった。ちょうど私が青森に戻って数年経過した頃の大判振る舞いで、各自治体は大騒ぎをしたが、その「ふるさと創生基金」で地域おこしを成功させたという事例を、私は聞かない。

青森では黒石市の「純金こけし」や百石町の「自由の女神像」が有名となったが、今黒石のこけしは存在しない。市が赤字を補塡するためにこけしを溶解して売ったからである。しかしそれも焼け石に水で、今も黒石市は赤字から脱却できないでいる。

これを鑑みるに、「地域おこし」というのは、住民が自主的に立ち上げたものでなければ成功しないと言えるのではなかろうか。「ふるさと創生基金」以外にも、ここ数十年の間にさまざまな行政主導の地域おこしが行なわれたが、そのほとんどは失敗に終わっている。特に政府の肝いりで始めた第三セクター主導のリゾート開発は軒並み失敗に終わり、その後深い傷跡を残した。

一方、住民の発案で始まった地域おこしはどうか。

第3幕では、そうした青森の地域おこしに目を向けてみるが、これから紹介するのは、すべて私が青森に戻ってから始まった事業ばかりである。そして**驚くべきは、そのほとんどが、何もない状態からスタートし、成功を収めている**のである。

行政主導の事例も挙げてあるが、多くの場合、住民が自分の住んでいる町をなんとかしたいと思って始めたものばかりだ。どれもが始めた時は、小さな試みだったのが、気づいてみればたくさんの人を呼びよせるようになった事業ばかりである。

けだし物事というのは、熱情によってしか成し遂げられないものなのだろう。単なる予算の使い回しからは何も生まれないのだ。

田舎館村田んぼアートと津軽庭園

青森といえば縄文である。そして私が子どもの頃には、青森には弥生時代が存在しないと言われていた。つまり坂上田村麻呂が東北を制圧するまで、青森では稲作がなされていなかったと思われていたのだ。ところがこの説を覆す遺跡が1981年に出てきた。**南津軽郡**の**田舎館村**《いなかだて》で発見された**垂柳**《たれやなぎ》**遺跡**である。

バイパス工事の試掘調査で、水田跡が出てきただけなのだが、調査の結果、この遺跡は弥生時代中期（約2000年前）の水田跡であることがわかった。この後弘前からも、垂柳遺跡よりもさらに古い**砂沢遺跡**が発見され、弥生時代に津軽平野で既に稲作が行なわれたことが判明した。これにより、稲作の伝播は、征服活動によってなされたのではないことも判明した。稲作は、稲作文化を持つ人々の集団移住か、もしくは自然に伝播して青森まで伝わってきたものだったのである。これは従来の日本史の学説を書き換える画期的な発見だった。

しかも垂柳遺跡は、単なる水田跡ではなく、洪水の後でもあった。ローマのポンペイは火山灰によってそのまま時間が止まったが、垂柳は、洪水によって滅亡した集落だったのだ。洪水によって時間の止まった遺跡というだけで、何か想像力をかき立てるものがある。もっとこの遺跡が知られ、見学に訪れる人が増えても良さそうだが、今でもほとんど人は訪れない。その代わり、遺跡とは別に、田舎館村の人々は「田んぼアート」というお祭りを考案した。

この垂柳遺跡を記念して、田舎館村で「**田んぼアート**」が行なわれるようになったのは、１９９３年のことである。会場は村役場の東側にある水田だ。

役場の真横に水田があるのもよかったが、実はこの役場は城の形をした役場だった。田舎館村にはかつて南部の出城があったので、それを模して作ったのである。その役場は天守閣の形をしている。殿様の気分になって最上階に登り、下を見下ろすと、そこから「田んぼアート」が見事に眺望できる。

この役場の庁舎ができた当時、税金の無駄遣いと散々悪口を叩かれたものだが、まさかこんな形で役場の最上階が利用されることになろうとは、当時は誰も予想しなかったろう。

「田んぼアート」に使用される米は、古代米を含んだ、葉に色のついた4種類と、この地方で栽培されているブランド米の「つがるロマン」である。

最初は小さなイヴェントで田んぼに岩木山の絵を描いていたが、２００３年の「モナリザ」から毎年テーマを変え、たくさんの人が見学に来るようになった。2015年には「風と共に去りぬ」が地面に描かれた。しかも第二会場も作り、そこには古代米による「スターウォーズ」と石による「高倉健」が描かれ喝采を博した。こうして**人口わずか8千人の村に、なんと30万人もの観光客が訪れるようになった**のである。

この偉業に対し、2015年には第37回サントリー地域文化賞が授与され、また日本イベント産業振興協会による「第一回JACAイベントアワード」大賞が授与された。まさにホームランとはこのことだろう。しかも観光客には県外客が多く、さらに海外（とくに韓国）からも訪れているというのが素晴らしい。やはり稲というのは、東アジア文化圏の人にとっては郷愁を誘うものなのだろう。

私の知人に田舎館出身の人がおり、彼の住所は、青森県南津軽郡田舎館村畑中……であった。彼が昔、私に次のように話したことがある。

「東京で好きな女ができても、住所を知らせると離れていく」

確かにこの住所を見れば、どんな田舎に住んでいるのだろうかと思ってしまうが、実は田舎館村は、かつては「津軽のくんなか（国の中心）」と呼ばれ、津軽でもっとも豊かな村だったのである。単位面積あたりの米の収量がどこよりも多いからだ。弘前からも6キロほどしか離れておらず、車で10分くらいで行ける。

田舎館の隣に、**尾上町（現平川市）**があるが、そこには蓮で有名な**猿賀神社**がある。猿賀神社では、毎年早乙女による田植えの行事が行なわれる。つまりこの辺りは、最北の弥生文化地域なのである。

尾上町は植木の町としても知られ、古い街道沿いはサワラなどを使った生垣が続く。町では生垣作りを奨励し、条例まで設けている（実はサワラ垣根は津軽の伝統的な垣根で、弘前市も奨励金を出して、景観の維持に努めている）。この町の生垣は、津軽藩の殿様が黒石藩へ往来する際の景観確保のために始まったとされている。

そしてこの街道の一画に、国指定名勝の**盛美園**がある。

「盛美園」は、明治時代、土地の豪農、清藤盛美が小幡亭樹に作庭させた回遊式庭園で、大石武学流という津軽独特の造園様式によって作られた庭だ。枯池と池泉、左右に築山、中央部から津軽平野と岩木山を望むことができる借景の庭である。映画『借りぐらしのアリエッティ』の背景としても使われ有名になった。

その庭を眺める洋館・盛美館が入り口にあるが、この建物は、明治40年に建築家・西谷市助によって建てられた。1階が和風、2階が洋風の様式となっているが、こうした事例は日本では極めて珍しいそうだ。

大石武学流は石組みに特徴があり、京都で作庭法を学んだ津軽家2代目庭園守護役、高橋亭山に始まる造園様式とされている。が、諸説があり、その起源ははっきりしない。明治時代に隆盛を極め、津軽各地で武学流の庭園が作られた。弘前市にある**瑞楽園**も大石武学流の庭園である。また2015年に修復開園された黒石市の**金平成園**も大石武学流の庭園である。

ところで津軽弁に「**あずましい**」という方言がある。

津軽では温泉につかりながら、「なんぼあずましいば」と口にする。これは「とても気持ちがよい」という意味だ。

このあずましいのあずまというのは吾妻という言葉が語源らしい。北海道にも同じ方言があるが、これは青森の人間が持ち込んだ言葉だろう。吾妻は我妻であるが、別の解釈では東があずまの語源だとする説がある。では東とはどこをさすのか。一般には江戸をさすとされるが、もしかすると、東とは田舎館と尾上の周辺をさしているかもしれない。なぜならこの辺りは、津軽の中で東側に位置するからである。そしてこの一帯は、飢饉の際にも飢えることがなかった津軽一の穀倉地帯だからである。

尾上の庭園と、田舎館周辺の水田風景は、それだけで観光資源としての価値がある。

今や日本では、美しい田園風景を目にすることは稀なこととなったからだ。この水田にこだわった田舎館の地域おこしは、今後も継続して展開されてゆくことが期待される。できれば尾上町と二

上　垂柳遺跡
下　田んぼアート

田舎館村役場

人三脚で展開されれば一層の効果を生むと思うが、残念ながら、平成の合併で2つの自治体は一緒にならなかった。しかし日本最北の弥生の土地ということで、今後のさらなる観光開発が期待されるところである。

横浜町菜の花フェスティバル

「**弘前さくら祭り**」はあまりに有名だが、この他にも青森には花の名所がたくさんある。桜でいうと、**金木町芦野公園**、青森市の**合浦公園**、**岩木山の桜のロード**、珍しい緑色の桜が咲くむつ市の**早掛沼公園**、松の幹から桜の枝が伸びる**三戸城山公園**などだ。

他に、八戸市の**ラベンダー観光園**、平内町の**サボテン公園**、夏泊半島の北限自生の**椿**、階上町、田子町、大鰐町の**ツツジ**、鰺ヶ沢種里城の**ボタン**、尾上町猿賀神社の**蓮**、弘前市大仏公園の**アジサイ**、八甲田の**水芭蕉**と**高山植物**、津軽半島ベンセ湿原の**ノハナショウブ**などが毎年我々の目を楽しませてくれる。

そんな中で、町おこしにより花の祭りを始め、それが成功を収めた事例が一つあるので紹介しよう。**上北郡横浜町**の「**菜の花フェスティバル**」だ。

横浜町はもともと「なまこ」やホタテで有名な町だが、菜の花は昭和30年代前半に換金作物として作付けされたという。その後、国の交付金や助成金制度のもとで作付面積が拡大し、1989（平成元）年に作付面積が日本一となった。

1991（平成3）年から景観作物としての特性を活かし、よこはま菜の花マラソン大会、菜の花大迷路、菜の花撮影会、郷土芸能の披露や特産品の試食販売などのイヴェントを開催、たくさんの観光客を集め現在に至っている。

ただしその後助成制度は廃止され、現在は作付面積が減少して、2006（平成18）年に首位の座から滑り落ちている。いつまでこの祭りを続けられるかが町民の関心事となっている。

横浜町の「菜の花フェスティバル」については、簡単に言えば、以上で話は終わりなのだが、実は私は、この祭りに対して個人的な思い入れがある。極めて私的な話だが、この場を借りて私の過去の話をさせてもらう。

私が大学を卒業して最初に就職した先は、神奈川県のある町の工業高校だった。その町の名前はあえて伏せておくが、当時その学校は荒れていた。その頃、校内暴力が全国的に流行しており、私の学校はその最先端を行く学校だったのである。

その学校の近くにある中学校では、生徒が煙草を吸いながら通学し、学校の窓ガラスが全部割られる憂き目にあっていた。そしてついには、生徒に取り囲まれた教諭が、逆に生徒をナイフで刺すという痛ましい事件が起こった。その中学校からも、私の赴任した高校に生徒がきていたが、当時私の学校で、生徒がもっとも熱情を注いでいたのがオートバイだった。生徒の3分の1くらいは暴走行為に走り、1年に何人も転倒して怪我をした。そしてついには死者も出た。ある時など、ひとつのクラスで7人ぐらいが松葉杖をついて授業を受けていたこともあった。恐喝事件も日常茶飯事で、業務の大半は生徒指導に追われた。教員というより警察官といったほうが近い生活がしばらく続いた。

ある時、事件を起こした生徒の家に家庭訪問すると、なんとその両親は青森出身であった。どちらも集団就職で神奈川に出てきたのだという。そこから先は聞かなかったが、やっと六畳二間ぐらいの家を建てたばかりだということだった。

その町は、いわゆる急開発のベッドタウンとして、当時人口が40万人を超えていた。しかし町には映画館がひとつしかなかった。そんな土地なのに、一坪70万円もした。私は一生働いて、そこに箱の家を建てるくらいなら、青森で暮らしたほうがよいと考えるようになり、青森の教員採用試験を受けることにした。

そして3年後、私は青森に戻ってきた。その私が青森で最初に赴任した町が横浜町だったのである。私はよく、神奈川の横浜から、青森の横浜へ転勤になったと友人に話したものだが、青森の横浜は、私が最初に赴任した神奈川の町より哀しいところだった。映画館どころか、当時は喫茶店もない町だった。いや、より正確に言うと、商店の中にカウンターだけの喫茶店が1軒あった。

横浜町の分校で教員をしたのは1983(昭和58)年から86年の3年間だった。この横浜での3年間は、私にとっては忘れられない日々となっている。ヤマセが強く、雪も多い年が続いた(最後の年は六一豪雪として気象庁の記録に残っている)。

私が横浜町に赴任したのは、まだ雪の残る3月下旬だった。国道279号線を、バスで向かったのだが、途中、私は目を疑った。バスの車窓から、雪の海岸線をラクダが歩いているのが見えたのである。どうして雪の浜辺をラクダが歩いているのか。まるで「ミステリーゾーン」の主人公になったような気分だった。後でわかったのだが、その場所は、むつ小川原開発を当て込んで開業し、その後に倒産した動物園の跡地だったのである。そこで飼われていた動物は放置され、台湾猿が野生化し、天然記念物である北限のニホンザルとの交尾が大問題となっていた。その台湾ザルは国道に出てきて餌をねだり、車に轢かれたりしていた。数年後にすべて捕獲されたが、今でもその道路の異様な光景は目に浮かんでくる。

赴任した横浜町で私が見たのは、まず割れた中学校の窓ガラスだった。事務の方が私を車で連れて行ってくれたのだが、やはり下北の中学校も神奈川並みに荒れていたのだ。そのガラスを割った生徒達のいる分校で、私の10年ぶりの青森での生活が始まった。

実は横浜町の隣の六ケ所村には、むつ小川原開発で土地を売った人たちの立派な御殿が建っていた。だがそこにあまり人が住んでいなかった。出稼ぎに出てしまったからである。彼らは土地を売った後に家を建て、工場が建つのを待ったが、工場は建たなかった。手に入れた一時金はパチンコでなくし、子どもにオートバイを買い与え、最後は出稼ぎに出るしか生きる術がなくなってしまったのである。親のいなくなった子どもは荒れて、学校も荒れた。横浜町の分校にもそうした子どもがたくさんいた。

その学校での日々は、格闘の毎日だった。四則演算がちゃんとできない生徒がかなりおり、私は習ったこともない簿記の授業を担当しなければならなかった。私はそこで〝つっぱり先生〟を演じた。生徒を座席に座らせるため、毎日のように声を張り上げ、たびたび暴力を行使したのだ。その時は若かったし、暴走族の学校からやってきたという自負もあって、「いきがって（強がって）」みせたのだ。だから生徒にも嫌われた。

そんな私が、2年目の春、教室の窓から見える一面の菜の花を見て、思わず立ち竦んでしまった。あまりに美しかったからだ。それから振り向いて、生徒に言った。

「おめだぢ（お前ら）これで人呼べるぞ」

その時俯いていた生徒が私の顔を見た。彼らが笑顔を返してくれた初めての瞬間だった。1年目の春の時には、なぜか目に止まらなかったのだ。

こうして分校の生活に慣れ親しんでいった私が、たった1軒の喫茶店で、たまたまコーヒーを飲んでいた時、見も知らない痩せた男が、急に私に声をかけてきた。

「先生、手伝えジャ。演劇やるべ」

それを聞いて私は頭がおかしい人ではないかと思った。こんな町で、どうして演劇などできよう。後でわかったのだが、彼は役場の職員のYさんという人だった。当時はゲンさん、ゲンさんと呼ばれていたが、正確な名前はわからない。彼は私が演劇をやっていたことをどこからか聞きつけ、声をかけてきたのだ。町おこしで演劇を上演するつもりだったのである。当時、横浜町は、若い人がいなくなって、夏祭りもできない状態にあった。それをなんとかしようと考えていたのである。

結局私は彼の話に乗り、町の公民館で、夜、演劇の練習をすることになった。そこに集まったのは、20代の地元の若者達だった。ほとんどが農業を営んでいた。にわか青年団という感じだった。今でいえば、一種の出会いの場であったかもしれない。彼らを前に、私は発声練習を始めた。

こうして、むつ市の劇団の方が書いた脚本で、『風舞の歌』という芝居を上演したのはその数カ月後のことだった。場所は小学校の体育館である。

当日、若い人がほとんどいないにもかかわらず、体育館は満席となって、おひねりが飛び交った。こんなにもこの町に人がいたのかというほど盛況だった。こんな形で演劇が役に立つとは思いもしなかったので、私は嬉しくなった。

その芝居の打ち上げの際に、私はにわか劇団の仲間に菜の花について熱く語った。横浜で一番感動したのは菜の花だと彼らに伝えた。

そして横浜町が町の花を菜の花に制定したのは、私が横浜町を去った1986(昭和61)年のことであった。誰がそれを提案したかわからぬが、後でそれを聞いて、私はとても嬉しく感じた。しかし、すぐに悲しい知らせが風の便りで飛んできた。私を演劇に誘ったYさんが、それから数年であの世の人となったのである。

彼は、私が去った後に自ら台本を書いて、演劇の上演を続けたが、数年で力尽きて逝ったのだった。

それにしても、私が分校に勤務していた時、町の中学校の先生が空き巣を働いて捕まったり、地区の高校の教員が生徒に刺されて死んだりするといった事件が起こっていた。たった三年間の間に随分と色々な事を目の当たりにしたものだが、その分校を後にしてから、既に三十年以上経過している。

そして今は、横浜分校は廃校になってすでにない。遠い昔の記憶である。

上　釜臥山と菜の花
下　風力発電と菜の花（以上撮影　大橋義隆）

五所川原立佞武多《たちねぷた》

私が横浜町の分校から次に転勤した学校が五所川原市の工業高校だった。

その工業高校で私は山岳部の顧問となったが、同時に演劇同好会を作り、充実した日々を送った。五所川原の高校であったが、当時、太宰治を知らない生徒がたくさんいた。そこで私は、父が脚色して中学校で演じた『走れメロス』を潤色し、それを高校演劇の地区大会にかけることにした。そして県大会に進出したが、その県大会で、幕が下りた時に生徒が舞台の前に立つという失敗を演じてしまった。ところが審査員の佐々木高雄（後の東奥日報社社長）さんが、この荒削りさをおおいに気に入り、それを新聞で取りあげてくれた。それが励みとなったのか、五所川原工業高校は３年連続県大会に出場することができた。

その高校で働いていた時の出来事だが、ある日私は、五所川原の夏祭りの夜回りをすることになって、ねぷたの運行を見物することになった。実は私は、それまで五所川原でねぷたが運行されることを知らなかったのである。ねぷたは、青森と弘前周辺の祭りとばかり思っていたからだ。当時の五所川原のねぷたは、弘前のねぷたを模した扇ねぷただったが、運行台数も少なく、はっきり言って盛り上がりに欠くねぷただった。

そしてある時、私は授業で、軽率にも次のようなことを言ってしまったのだ。

「ねぷたを運行して弘前の真似をするくらいなら、五所川原独自の『虫送り』に力を入れ、それで人を呼んだほうがいい」

この「虫送り」というのは、縄で作った竜を燃やす五所川原独特な夏祭りだった。私にすれば、五所川原には人に誇れる無形文化財があると生徒を励ましたつもりだったのだ。

ところがその時、生徒は皆、私をにらみ返してきた。彼らは皆ねぷたを愛しており、私に馬鹿にされたと思ったのである。なぜなら、ねぷたは、彼らにとっても100年単位で引き継がれてきた祭りだったからだ。

私がこの学校にいたのは、1986年から1991年の5年間である。そして私がこの学校を去った2年後、すなわち1993年に、明治末期の巨大ねぷたの設計図と写真が発見され、そして翌年、市民劇団「橇（ソリ）の音」により高さ7メートルのねぷたが復元されることになった。その後1996年に市民有志により「立佞武多復元の会」が結成され、98年に、80年ぶりの「**五所川原**

立佞武多」が復活した。

そして今や、この祭りは150万近い人出となる東北屈指の祭りに急成長したのだ。2010年の人出は、青森ねぶた、仙台七夕に次ぐ、東北3位だった。つまり弘前ねぷたを抜いたのである（注：その後観客は減っているが毎年百万を超える人が訪れている）。

この話を聞いて、私は「こんなことってあるのかな」と思った。すべてはあっという間の出来事だったからである。

この五所川原立佞武多の驚異的成功の背景は、市が有志の動きをキャッチして、いち早く観光の目玉とすることを決断したことにあるといってよい。

市が彼らを全面的にバックアップし、それに集中投資したため、すぐに祭りの体裁を整えることができたのだ。このスピードの早さは五所川原ならではのことだ。全国を見回しても、これほど成功した事例はなかなかないのではなかろうか。

歴史をひもとくと、この巨大ねぷたが五所川原の記録に登場するのは、明治40年頃のことだそうだ。当時、五所川原には「布嘉《ぬのか》」という豪商がいた。他にも何人かの大地主がいて、彼らが力を誇るように巨大ねぷたを作ったのである。

しかし大正時代になって電気が普及し、ねぷたは小型化の一途を辿る。そして戦後に起きた2度の大火で街が全焼したことにより、巨大ねぷたは姿を消したのだ。

▼各地域での「ねぷた」「ねぶた」そして三社大祭

今、立佞武多に触れたついでに、ここでねぷたについて「おさらい」しておこう。

ねぷたというのは、そもそも青森県津軽地方を代表する夏の祭りだ（ただし下北半島でも運行される）。弘前と五所川原では「ねぷた」と言い、青森では「ねぶた」と言う。

このねぶたの起源については諸説紛々で、今でもはっきりしたことはわかっていない。

青森ねぶた祭り実行委員会のホームページには、ねぶたの歴史が書かれているが、それによると、その始まりは京都の祇園祭であるようだ。京都祇園まつりの飾り山が日本海を北上するに従って簡略化され、灯籠だけが残ったというのだ。

また伝承では、1593年、京都において、秀吉の御前で津軽為信が「津軽の大灯籠」を紹介し、これが以後年中行事となったとされている。

結局一般的な定説としては、七夕の灯籠流しがこの地に伝わって、変形したものであるとされている。

青森ねぶた祭は、享保年間の頃に、油川町付近で弘前のねぷた祭を真似て灯籠を持ち歩き踊ったことが始まりとされている。現在のように歌舞伎などを題材にした灯籠が登場したのは、文化年間とされ、当時は弘前も人形ねぷただった。弘前のねぷたが扇になったのは、明治時代である。従っ

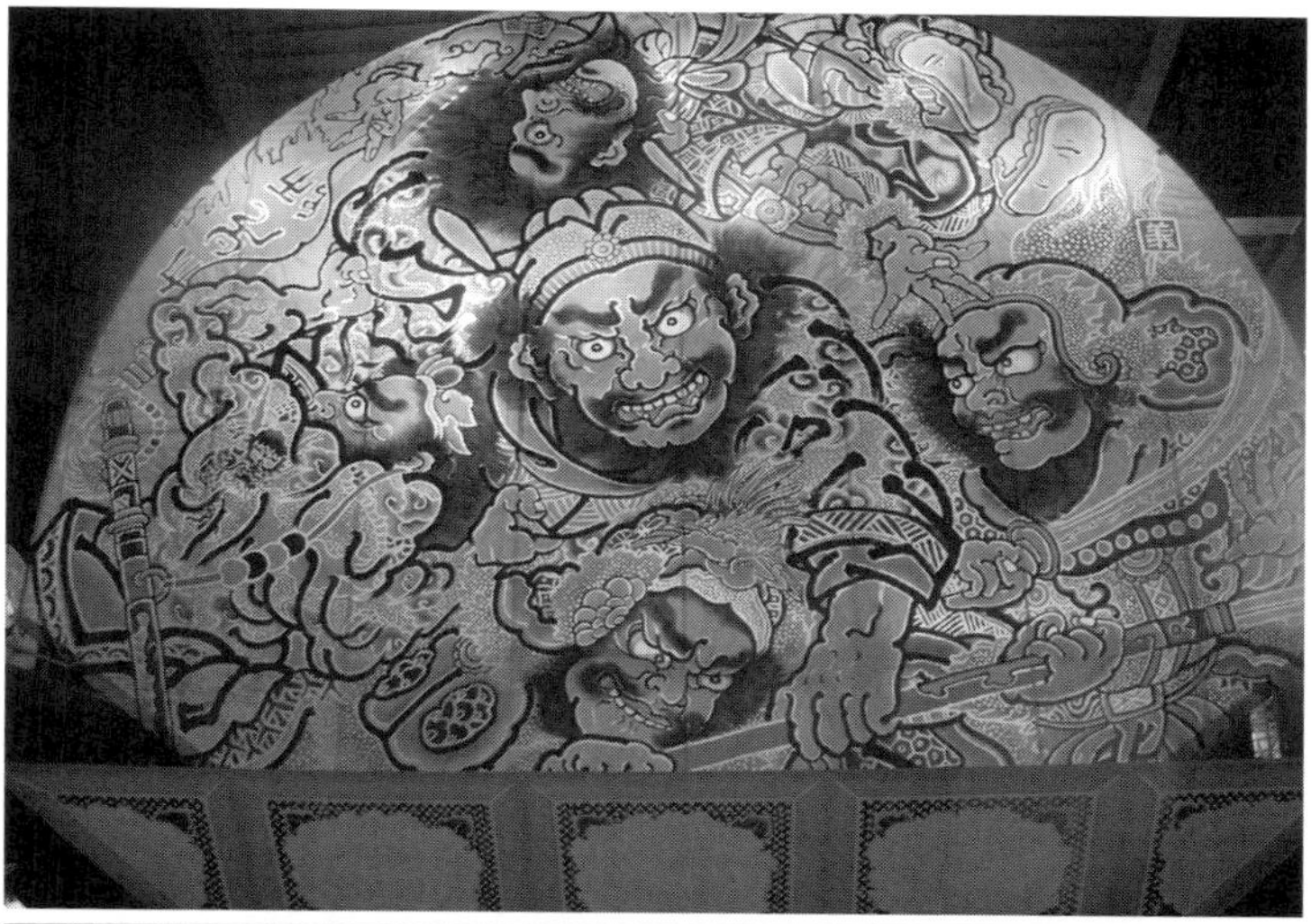

上　弘前ねぷた（「ねぷたの館」展示物）
下　青森ねぶた（「ワ・ラッセ」展示物）

て、元の形から変化したのは弘前ねぷたのほうだったのだ。青森ねぶたは元の形が横に広がり、五所川原は上に伸びていったのである。

また昔はねぷたを担いで運行した。青森では明治時代に大型化するが、その時も１００人で担いだということだ。

青森ねぶたが、現在のように大型化したのは戦後で、その後も観光化という大きな流れに乗り、どんどん巨大化していく。そして１９８０年「青森のねぶた」が国の重要無形民俗文化財に指定された時には、人出は３００万人を超えた。

ちなみに囃子は、弘前、青森、五所川原といずれも異なるが、他に黒石、深浦と、あちこちに違う囃子のねぷたがある。そしてかけ声は、弘前が「ヤーヤドー」、青森が「ラッセラー」、五所川原が「ヤッテマレ」である。

このうち五所川原の「ヤッテマレ」というのは、普段使われる津軽弁である。「やってしまえ」を縮めた言葉で、津軽では人を殴ってボコボコにする時も、「ヤッテマレ」と言う。なんとも物騒なかけ声だ。

また、青森ねぶた祭の特色の一つに、ハネトの大乱舞がある。これはまったくリオのカーニバルのようである。

一方弘前では、整然と行進するのがねぷたの基本だ。つまり弘前のねぷたは、昔の灯籠流しの雰囲気を残しているのである。

このねぷたとほぼ同じ時期に行なわれる夏祭りが**八戸の三社大祭**である。こちらのほうは飾り山（山車）がそのまま残った形で京都から伝えられた祭りだ。市内にある三つの神社の神輿行列と、

五所川原立佞武多（「立佞武多の館」展示物）

神話や歌舞伎等を題材にした豪華絢爛な山車の合同運行が沿道の観客を圧倒する。およそ300年近い歴史を持っており、国の重要無形民俗文化財に指定されている。

実は弘前市の石川地区では、ねぷたの時期にこの三社大祭に似た山車が運行される。それはもともとこの地区は南部直系の石川城が建っていた場所だったことと関連があると思われる。津軽為信は、この石川城の奇襲から始めて津軽一統を成し遂げたのである。

地吹雪ツアーと太宰観光

今から40年も前の話だが、「逆転パチンコ」という機種があった。チューリップが開いても玉が出ず、下の穴に落ちると玉が出てくる機種である。残念ながら、この台は半年も経たずに消えてしまった。出るべき時に玉が出てこなかったために、かえってストレスが高じたからである。

このパチンコは失敗したが、世の中には「逆転の発想」で成功することが多々あるものだ。そうした事例がないものかとネットをクリックすると、あるわ、あるわ。

「坂あり、階段あり、ギャンブル推奨の老人デイケア施設」

「鹿児島の過疎地にできた巨大スーパー　年商なんと百七十億円」

「園児全員がバク転　過保護教育をやめて大成功の幼稚園」

「〝ビル解体は下から崩す〟だるま落とし方法で大成功！」

「嘘読みで引ける難読語辞典」エトセトラ。

第1幕で、津軽半島は地吹雪地帯であると書いた。津軽半島では地吹雪で死者も出るのである。そんな辛い地吹雪を観光の目玉にしようとした人が現われた。津軽地吹雪会の角田周さんだ。彼が始めた「地吹雪体験ツアー」は、2015年で28年目を迎えた。**まさに「逆転の発想」**と言える。

地吹雪といえば、私自身、横浜町で車が雪の中に埋まり、九死に一生を得たことがあった。だからわかるのだが、地吹雪は、一度は体験する価値がある。

▼逆転の発想「地吹雪体験ツアー」

もっとも、この地吹雪体験ツアーにも問題がある。客を呼んでも地吹雪が吹かないことがあるからだ。しかもこのイヴェントだけで、何万人もの観光客が訪れているわけでもない。京都保津川の川下りのように、これだけで飯を食うことはできない。

しかしこの地吹雪体験ツアーがもたらした果実は、このツアーをきっかけに、**津軽半島の観光開発が本格化**したということにある。以前の津軽半島の市町村は、観光で人を呼ぶという発想はなかった。近年、観光開発は行政の最重要課題となってきている。

地吹雪が起こらない場合でも、来た客が何かしらの満足を得ればそれでいい。従って、このツアーではオプションがより大事となる。たとえ地吹雪が吹かなくとも、観光客は広大な雪原を見ることができる。これだけでも見る価値はあるだろう。しかも客は、その雪原を「馬橇《そり》」に引かれて走る。馬が引く橇に乗れるなんて、郷愁を感じさせる世界だ。馬の体から湯気が立ち、カラカラと音を立てながら橇は進んでゆく。最後は郷土料理が加わる。これで客は大満足だ。

そのうえ多くの客は、現場に「ストーブ列車」でやってくる。この「ストーブ列車」というのは、1930（昭和5）年の津軽鉄道開業時から運転された太宰治も乗った列車である。現在は観光用に運転されており、津軽五所川原駅から津軽中里駅を結ぶ路線を、1日に2往復する。編成は、D35形ディーゼル機関車と客車が3両だ。1両に2つずつ石炭ダルマストーブが設置され、ストーブの上では、スルメや餅が焼かれることもある。

観光客は、ストーブ列車に乗って地吹雪ツアーを楽しむが、それだけではない。金木に来た客はかならず、**斜陽館**に寄る。

斜陽館は、明治時代の地主だった太宰治の父・津島源右衛門が名匠堀江左吉に建てさせた豪邸で、太宰は青森中学に入学するまでこの家で育った。戦後に津島家がこの家を手放してからは長く旅館として使われていたが、現在は町が記念館として買い取り、写真や原稿をはじめ、マントや帽子など、太宰が愛用した品々が展示され、太宰ファンに好評だ。2004年には近代和風住宅として国の重要文化財に指定された。

それにしても、私が大学を卒業した頃までは、観光で斜陽館を訪れる人はあまりいなかった。年に一度の桜桃忌の際に、県内の文学愛好家がここで宴を開く程度だったと記憶している。それまで地元では太宰の評判はすこぶる悪く、これを観光と結びつける話が沸き起こったのは、数十年くらい前の話なのである。

▼太宰をめぐる観光ポイントもたくさん

今は、太宰にからめた観光は軌道に乗り始めた観がある。斜陽館以外にもたくさんの見所がここに集中しているからだ。

まず斜陽館の目の前に、バスも駐車できる観光館が建設され、そこに津軽三味線の記念館も建てられた。この斜陽館と津軽三味線記念館を管理しているのはＮＰＯ法人「かなぎ元気倶楽部」で、この組織は２０１５年に十周年を迎え、さらに事業を拡大している。斜陽館の裏に、太宰が疎開時に暮らした大正時代の旧津島家新座敷（個人所有）があり、この家も、最近観光施設として開放された。ここで太宰は、妻子と共に一年四カ月間暮らし、『パンドラの匣』『苦悩の年鑑』『トカトントン』など、20数作を執筆した。

ちなみに今世紀に入って、太宰に関係するさまざまな施設が観光用に開放されているが、その中の一つに、旧制弘前高校（現弘前大学）時代に彼が下宿した、**弘前市の旧藤田家住宅**がある。この下宿は「**太宰治まなびの家**」として開放されている。

閑話休題、斜陽館から１００メートルほど歩くと、小説『思ひ出』に登場する地獄絵が掛けられている**雲祥寺**がある。そのお寺に入ると、すぐに、やはり『思ひ出』に登場する後生車がある。太宰はこれについて次のように記している。

そのお寺の裏は小高い墓地になつてゐて、山吹かなにかの生垣に沿うてたくさんの卒塔婆が林のやうに立つてゐた。卒塔婆には、満月ほどの大きさで車のやうな黒い鐵の輪のついてゐるのがあつて、その輪をからから廻して、やがて、そのまま止つてじつと動かないならその廻した人は極楽へ行き、一旦とまりさうになつてから、又からんと逆に廻れば地獄へ落ちる、とたけは言つた。

雲祥寺からさらに数百メートル北に、**芦野公園**がある。

芦野公園は、回遊式の沼沢公園だ。園内に２２００本の桜が植えられており、日本さくら名所百選にも選ばれている。中には太宰治の像、太宰治文学碑、歴史民俗資料館、津軽三味線発祥之地碑などが建てられている。

太宰治文学碑は、太宰の友人阿部合成画伯によって彫られたヴェルレーヌの詩「撰ばれてあることの恍惚と不安と二つわれにあり」が刻まれている。

園内の芦野湖に架けられた「夢の浮橋」を渡ると、今度は霊場「**川倉賽の河原**」にいたる。恐山と同様、イタコの霊媒で有名な場所だが、約２０００体の地蔵様が安置されている。お堂に置かれたたかずかずの人形は、死んだ子どもを慰霊するためのもので、なんとも不気味な、摩訶不思議な景観だ。

上　斜陽館
下　川倉賽の河原の地蔵

▼隠れ名所

ここでちょっとだけ脱線するが、実は金木町の嘉瀬地区は、歌手の吉幾三の生家があるところで、かつてはそこに、各地の選挙に立候補しては毎回落選する羽柴誠三秀吉さんが経営する小田川温泉があった（注：残念ながら、国会議事堂型のその温泉施設は２０１０年に全焼し、今はない）。このように、金木町というのは、面白い人間を輩出する町だ。

ところで、この津軽鉄道の終点は津軽中里という駅であるが、そこからさらにバスで北上すると、今度はシジミで有名な**十三湖**にいたる。そして十三湖の北側の湖畔から出てきたのが**福島城趾**だ。この遺跡は、昭和30年以来発掘調査がなされ、１９９２年に、奥州平泉をもさかのぼる11世紀の城であることが示唆された。つまり平安時代に、もうこの地に倭人が城を築いていた可能性があるのだ。

その後安東氏がこの地に移住、ここに拠点を築くことになるが、安東氏は十三湊を根拠地に日本海交易に従事し、蝦夷地から若狭のあたりまで自在に駆け巡った豪族だった。室町時代に記された「廻船式目」では、この地は全国の主要港（三津七湊）の一つに数えられ、かつてこの地が日本海航路の拠点であったことを示している。

現在この遺構の発掘が断続的に行なわれているが、期待されたほどの遺物は発見されていない。

しかし、かつての市浦村（現五所川原市）には歴史民俗資料館が作られ、北前船の展示などが行なわれている。また観光公園も整備され、ブランド化した蜆《しじみ》貝と連動して、人が集まるようになった。

ここから北に向かえば小説『津軽』の最終舞台小泊にいたる。なお小泊にいたる途中の海岸線には、明治時代の「ニシン御殿」なども見られるが、太宰の津軽の旅は、小泊で終わりを告げる。そこには、中学校の運動会を眺める太宰の乳母タケと太宰の銅像が建っている。

一方、十三湖から屏風山を南に戻れば、砂丘の赤鳥居で有名な**高山稲荷神社**、**亀ヶ岡遺跡**、**砂丘植物**、**埋没林**などを見ることができる。そして最後は**鰺ヶ沢**、**森田**、**鶴田**の宿泊施設で一泊となれば申し分のない半島西部の回遊コースとなる。

森田には、ギリシャ風の円形劇場を付属施設として持つ公園があり、鶴田には、ため池を木橋で繋いだ公園がある。いずれも温泉とキャンプ施設がある。

ともあれ、**津軽半島西部の旅**は、奥津軽の周遊コースとして、ますます注目を浴びていくことは間違いないだろう。

南郷ジャズフェスティバルと津軽三味線

南郷村の**サマージャズフェスティバル**は１９９０（平成２）年に始まった。

最初にこのフェスティバルが始まった時、どうして南郷村でジャズなのかと思ったものだ。こんな田舎に人が来るはずがない。よほど好き者のお祭りなんだろうなと思った。

しかもこのフェスティバルを始めたのは、当時の南郷村の村長さん壬生末吉（故人）さんだった。村おこしで、村長がジャズフェスティバルを企画するというのは、なかなかある話ではない。

▼ジャズの街in青森

第１回目のフェスティバルは屋内体育館で行なわれ、早稲田大学のハイ・ソサエティ・オーケストラ、慶応大学のライト・ミュージック・ソサエティの２つのビッグバンドが共演した。スペシャルゲストとしてドラムの猪俣猛が招かれた。２回目に日野元彦、３回目に日野皓正が登場、以後広く知られるようになった。

毎年、２０００から５０００名の観客を動員し、年々その規模が拡大している。今では内外の一流のジャズバンドが出演するフェスティバルとなったが、この間、南郷村は八戸市と合併したため、今は八戸市によって全面的に支援され、運営されている。２０１５年には26回目のフェスティバルを行なった。

現在ＪＲ八戸駅と八戸の中心街からシャトルバスが運行され、前夜祭も実施されている。7月下旬、青森の夏祭りが始まる前夜祭として、今では青森の夏の風物詩となった。

聞くところによると、南郷ジャズフェスティバルのプロデューサーを最初に務めたのは青森市の老舗のジャズ喫茶「ｄｉｓｋ」の経営者、鳴海廣さんらしい。鳴海廣さんは、知る人ぞ知る、寺山修司が中学時代下宿していた映画館「歌舞伎座」の支配人の息子だ。


実のところを言えば、青森にはジャズ好きが多い。弘前や青森にも、かれこれ40年近く営業を続けているジャズ喫茶が何軒かある。鳴海廣さんが経営している「ｄｉｓｋ」（青森市）はもちろん、弘前のジャズ喫茶の「仁夢」、「SUGA」も、半世紀近い歴史を迎えようとしている。

東北にはこうした古いジャズ喫茶が多いのだそうだ。かく言う私も、高校の時からジャズ喫茶に入り浸っていた。私が東京に出向いた時は、東京はジャズ喫茶全盛時代で、至る所にジャズ喫茶があった。文庫本を片手に、コルトレーンを聴き、煙草を吹かし、コーヒーを飲む。それが当時の大学生の至上の喜びであった。ところがバブルの時代に、東京のジャズ喫茶は次々と廃業した。地価が上がって、ジャズ喫茶を経営できなくなったのだ。

ところが東北では、ジャズ喫茶の店主は、バブルと無関係にそのまま営業を続けてきた。もちろん今は青森でも若者はあまりジャズを聴かない。しかし、昔ジャズを聴いた若者が、年をとってもジャズを聴き続けている。その結果、東北のジャズ文化は潰えることなく今も続いているのだ。

実際青森県では、あちこちで年に数回ジャズのライブが開催される。最近注目を浴びているのは、大鰐町の老健施設で毎年行なわれるジャズライブである。

これらのジャズ愛好家は、儲けようと思ってライブを開くのではない。ジャズが好きだからライブを開催するのだ。青森では思いが資本の論理を凌駕するのである。金にならなくても、思いがあるからジャズを聴くのだ。

▼本場の津軽三味線スポット

もちろんジャズだけではない。クラシック専門の店も、ブルース専門やロック専門の店もある。ここでもライブを行なっている。

最近増えてきているのが、地酒と郷土料理を堪能しながら津軽三味線の演奏を聴かせるライブハウスだ。今は弘前市内のあちこちで津軽三味線の生演奏が聴ける。

以前は弘前駅前に「**山唄**」というライブハウスしかなかった。この「山唄」を開いた山田千里

（故人）さんは、ニューヨークでエルヴィン・ジョーズ（ドラム）とコラボ演奏したこともある津軽三味線の大家だ。そもそも津軽三味線はジャズに似ている。テーマから即興に発展してゆくスタイルも共通だ。

津軽三味線と言えば、事情通は**高橋竹山**のことを思い出すだろう。高橋竹山は、東津軽郡平内町の生まれの三味線奏者だ。3歳の時に麻疹をこじらせて半失明となり、その後近所のボサマ（盲目の門付芸人）であった戸田重次郎から三味線と唄を習い、17歳頃から東北と北海道を門付けして歩いた放浪芸人だ。

一時芸の世界から身を引くが、1950（昭和25）年から津軽民謡の神様と言われた成田雲竹の伴奏者として各地を興行して歩くようになり、1973（昭和48）年からは東京の渋谷の小劇場ジァン・ジァンに出演、その後も定期的に開催したライブで多くの若者の心を捉えた。自伝の映画化や竹山をモデルとした演歌「風雪ながれ旅」のヒットで、津軽三味線ブームを引き起こし、津軽三味線を世界的に知らしめた人物として知られている。

この津軽三味線だが、原型は新潟地方の瞽女《ごぜ》の三味線と言われ、北前船によって津軽に伝わり、この地で独特の発達をみせたようだ。津軽三味線の研究家、大條和雄さんによると、津軽三味線の始祖は、幕末に五所川原の金木地区に生まれたボサマ「仁太坊《にたぼう》」であるという。彼はそれまで地味な門付け芸だった三味線音楽に革新的な奏法を取り入れ、津軽三味線の原型を築いた。三味線も細棹から太棹に変化し、奏法も「叩き」を中心とする打楽器的な奏法が発展した。

既述したように、現在五所川原の金木には、「津軽三味線会館」が作られ、そこでは津軽三味線の歴史をビデオで紹介すると同時にライブ演奏を聴かせてくれる。

しかし本来は、津軽三味線は盆踊りや夏祭りにおける津軽民謡の伴奏として発展したものだった。津軽地方では、盆踊りはもちろん、桜祭りや秋祭りに民謡が演奏される。こうした演奏には手踊りがつきもので、祭りでは「**津軽手踊り**」という独自の舞踊が同時に披露される。最近では、この「手踊り」を観光客に見せるビジネスも誕生しており、津軽の観光は楽しみを増幅させている。

かつて私がスペインの街角でギター伴奏のフラメンコを見た時、思わず津軽手踊りを連想したのだが、両者はまったく違う踊りでありながら、極めて類似性を持っている。音楽がリズムを主体とし、手の動きで感情を表現し、即興で演じられる点が似ているのだ。

私はスペインのフラメンコと同様、津軽三味線と手踊りも立派な観光資源だと思っている。弘前では、今後、津軽三味線と手踊りが常時見られるような施設を作ってゆく必要もあるだろう。

県民駅伝で一体化する市町村

スポーツというのは、人生に欠かすことのできないレジャーである。スポーツをすることはもちろん、スポーツを鑑賞することは現代人の生活の一部だ。東京であれば、かずかずのプロスポーツが観られ、かずかずのスポーツイヴェントがある。しかし田舎ではスポーツをすることはできても、それを観て楽しむというチャンスがあまりない。

大きい企業がある町であれば、プロサッカーチームを作ることも可能だろうが、青森ではそれはなかなか難しい。企業もないし、雪が降るからである（注：近年青森でもプロサッカーチーム形成の動きが急展開で、八戸・十和田・五戸などを中心に、**ヴァンラーレ八戸**という総合スポーツクラブが生まれ、Jリーグ加盟をめざして頑張っている。また2012年にはプロバスケットチーム「**青森ワッツ**」が誕生し、たくさんの観客を集めている）。

もっとも雪が降るのだから逆にスキー場開発で人を呼ぼうという手もある。

私の住む大鰐町には国際スキー場があり、以前は大きなスキー大会が何度も開かれていた。そのたびにジャンプやアルペン競技を雪の中で観戦するということがあった。しかし最近は、スキー人口の減少や小雪、資金難で、スキー場を運営すること自体が難しくなってきている。雪質の問題などもあって、現在スキーのメッカは北海道にシフトしつつある。スキー場による町おこしというのは、青森県ではなかなか難しいようだ。

一方、青森には県営のスケートリンクがある。市民にとっては近場のレジャー施設となっているが、ここで大きな大会が開かれたという話はあまり聞かない。最近はバンクーバーオリンピックで活躍した「**チーム青森**」の活躍もあって、カーリングの大会が開かれているが、いまいち人は集まっていないようだ（注：スケートはもともと八戸で盛んなスポーツで、現在国際大会が開ける新しい屋内スケート場を八戸に建設する話が進んでいる）。

そんなわけで、スポーツによる地域おこしが叫ばれるようになって久しいが、ママさんバレーや朝野球などの大会が散発的に開かれるだけで、全国的なレベルの大会はあまり開かれることないようだ。従って、どんなスポーツでもいいから、定期的に開催される全国的な大会を青森に誘致する施策が求められる。

そんな状況で市町村が手っ取り早く始めたのが**マラソン大会**である。

マラソン（長距離走）というのは、基本的に誰でも参加できるスポーツで、巨大な施設もいらず、畢竟、あちこちの市町村でマラソン大会が開かれることになった。

青森県でも、平川市の「**たけのこマラソン**」、深浦町の「**夕陽海岸マラソン**」、六戸町の「**メイプルマラソン**」、東北町の「**わかさぎマラソン**」、弘前市の「**白神アップルマラソン**」と、あちこちでマラソン大会が開催されてきた。2010年は、太宰治生誕百年を記念して、五所川原市でも「**走れメロスマラソン**」を始めた。

なにしろ青森には、農道、林道、海岸道と、車の走らない道路がたくさんある。景観も楽しめ、走ること自体が結構楽しい。

しかしこうなると、今度は参加者が分散して一つの大会の参加者は減少してゆく。その結果、マラソン大会を継続できない地域も発生し始めている。実際、大会の運営は役場の職員がやっている場合が多く、これが本務に支障をきたしている（注：残念ながら今紹介したマラソン大会の幾つかは既に存在しない。マラソン大会を継続して開くのは大変なことのようだ）。

こんな中で大成功を収めたのが、**青森県民駅伝**だった。主催は、青森県、青森県教育委員会、（財）青森県体育協会、青森市教育委員会という行政機関だ。これは1993年、北村正哉知事（当時）の時に始まった。珍しく役所主導で成功した地域おこしのイヴェントと言えよう。

実は1983年から1992年までは、陸奥湾一周駅伝競走という大会を実施していた。

これはむつ市から青森市までを走る駅伝で、いかにも下北ゆかりの知事が喜びそうな大会だった。

しかしこれには市町村からクレームがついた。陸奥湾一周というなら竜飛まで走るのが筋だからである。そうした不満の上に、国道を管理するという行政上の問題が横たわっていた。加えて参加市町村もメンバーを集めるのが難しく、経費においても負担が大き過ぎ、また大会運営のスタッフの調達も大変だった。その結果、陸奥湾一周駅伝は継続するのが難しくなったのである。そこでそれに代わるものとして県民駅伝が始まったのだが、県民駅伝が現在まで継続したのは、この時の改革があったからである。

この時コースが極めて短くなって、中学生も参加できる大会となった。現在のコースは青森県観光物産館アスパム前から、青森県総合運動公園陸上競技場までの8区間33・8キロで、正午にスタートする。このコースを中学生と一般、男女混合で走るのだが、総合順位に加え、市・町・村の部でも順位を競う。

テレビとラジオの中継がなされ、中継は青森放送が担当している。番組タイトルには「みちのく銀行スペシャル」の冠が付き、みちのく銀行は第1回から大会や中継に全面協力してきた。なお、以前はみちのく銀行の単独提供だったが、現在は同社の関連会社などが加わった複数社提供に変わっている。

今述べたように、この大会が成功を収めた理由は、距離が短くなり、中学生や高校生が参加できる体制を整えたことにあった。駅伝にしてはちょっと物足りない気はするが、そのことによりすべての市町村がメンバーを集め、大会に参加できるようになったのである。また出場者の家族、親族、学校仲間を巻き込み、ギャラリーの数を増やすことができた。

しかも市町村対抗であるということが人気に拍車をかけた。青森県民であれば、誰でも自分の住んでいる町を応援するからである。この結果、この駅伝は県民130万をギャラリーとして確保したのだ。

そして何といっても、駅伝の持つ競技の面白さがマラソンをしない人をも引きつけた。駅伝は8人で走るため、1人だけすごいランナーがいても、勝てない。特に、毎回小さい町が大きな町を打ち負かす結果となり、それが町村の人々に満足を与え、町はその結果を、広報に載せて盛り上がっているのである。今や県民に愛されるスポーツイヴェントとして定着したので、これからも続けていくべきだろう（注：2015年の総合順位は1位八戸市、2位南部町、3位弘前市だった）。

ちなみに3000メートルと5000メートルで日本記録、ハーフマラソン、10キロ、15キロのアジア記録保持者の福士加代子さんは、1999年の県民駅伝において板柳町代表で7区を走った。

彼女は当時、五所川原工業高校の陸上部だったが、駅伝は、アスリートの育成にも一役買っているのである。

三沢航空科学館から寺山、沢田へ

三沢航空科学館は、青森県が２００３（平成15）年に開館した教育施設である。いわば箱物の博物館だ。青森県はここ数十年の間、さまざまな箱物の施設を建設してきたが、その都度、赤字を膨らませる原因になったとして識者の批判を浴びてきた。

かつて青森市には○△□の施設が作られた。○は県営スケート場、△は観光物産館のアスパム、□は県営水族館である。その後も県立図書館、県立美術館、県営武道館、県営競技場とさまざまな施設が作られてきたが、今はその維持管理に四苦八苦している。三沢航空科学館もそうした施設の一つだが、それもあって、ここの運営はボランティア方式がとられている。そのため人件費のほうは、かなり浮いているようだ。

この施設のホームページは、建物を建てた意義を次のように述べている。

青森県立三沢航空科学館は、青森県が航空史に果たしてきた役割を広く全国に情報発信し、「大空」と「飛翔」をテーマに、未来を担う子どもたちが楽しみながら、科学する心、感動する心、挑戦する心を育む施設として青森県により建設されました。

では、青森県が日本の航空史にどのように関わってきたかというと、ホームページには、次のように記されている。

①1931年、ミス・ビードル号は三沢市淋代海岸から、米国ワシントン州ウェナッチ市まで世界初の太平洋無着陸横断飛行に成功しました。この世界記録への旅立ちを地域の人々が支えたのです。
②1938年、日本唯一の世界記録（周回航続距離記録）を樹立した航研機。この偉業を成し遂げた機体に、青森県にゆかりのある木村秀政氏が設計者の一人として、工藤富治氏が工場長として、そして、藤田雄蔵氏がパイロットとして関わりました。
③戦後初の国産輸送機YS—11に、青森県にゆかりのある木村秀政博士が技術委員長として携わりました。
④大正時代の初期、青森県出身の日本初の民間プロ飛行士・白戸榮之助氏が、白戸式旭号で青森をはじめ東北・北海道の各地で巡業飛行を続け、成功を収めました。

展示内容は、復元したミス・ビードル号や実物のＹＳ―11のほか、航空体験ができるコーナーがあり、子どもから大人まで楽しめるものになっている。しかし、集客のほうは当初期待したほどには達していないようだ。

では私が、なぜこのような行政主導の箱物施設をここで取りあげることにしたのか。

その理由は、三沢市という町について考える際に、この施設から話を始めると都合がいいと思ったからである。なぜというに、三沢には米軍基地と航空自衛隊があるからだ。そのうえ、民間飛行機も離着陸する。その意味では、まさに三沢は飛行機の町なのである。ではなぜここに飛行場ができたかといえば、その理由は簡単だ。戦前、この辺りは何もない荒野だったからである。

▼三沢という土地

この三沢については、どこかで触れなければならないと感じていた。ひとつには、冷戦時代を支えた基地の町であるという点、今ひとつはこの町に２人の世界的アーティストが深く関わっていたからだ。

三沢市は八戸の北に位置し、太平洋に面している。空港の歴史は、戦前から始まった。１９４１（昭和16）年に海軍のための飛行場が創設され、終戦直後、米軍がそれを接収し拡張を行なった。航空自衛隊は１９５８（昭和33）年に発足し、現在の民間航空は１９７７（昭和52）年に始まった。

ここで思い出すのは、寺山修司が映画を編集したスタジオの名前が「人力飛行機舎」という名前だったことである。

三沢といえば、寺山修司が少年時代を過ごした町だったのだ。現在三沢には「**寺山修司記念館**」がある。これに加え、三沢は、あのピューリッツァー賞をもらった**沢田教一**が青年時代に過ごした場所でもあった。

そこでこの場を借りて、**寺山と沢田の知られざる関係**について考えてみたい。ちょっと長くなるが、ここで脱線して寺山、沢田論を展開しよう。

▼寺山と沢田は青森高校の同期生だった

実は沢田教一は、青森高校の卒業で寺山修司とは同期だった。高校時代は目立たぬ学生だったという。高校の写真部で同期だった藤巻健二さんは沢田のことを次のように書いている。

> 笑うことも少なく、悪く言えば表情の乏しいむさいタイプであった。ニキビ面の顔が大きいことから「アタマデカ」と呼ばれていた。赤ら顔のニキビを指でつぶしたりしていた（『青森高校百周年記念誌』）。

一方彼の寺山評は次のようなものである。

旺盛すぎるくらいの好奇心の持ち主だったしエネルギッシュな行動派だった。青白い顔をした文学青年というタイプからはほど遠かった（同右）。

この2人の差は家族関係においても歴然としていた。沢田は父が郵便局の臨時職員、母はパートタイマーで小さな家に5人暮らし。これに対し寺山は、親戚の家に間借りしているとはいえ、中心街の映画館主の邸宅から学校に通う生徒だった。高校時代は野球好きで、一見スポーツマン風にも見え、勉強もでき、中央の俳句や短歌雑誌に投稿して神童と騒がれていた。いわゆる目立つ存在だったのだ。その後早稲田に進学、いきなり短歌研究新人賞を受賞する。

一方沢田のほうは、早稲田の受験にも2度失敗、仕方なく三沢の米軍基地の近くにある写真店に就職し、20歳の時には父の反対を振り切って11歳も年上の店員と結婚してしまう。それがサタ未亡人である。

沢田と寺山が共に三沢に住んだことがあるというのも何かの因縁を感じさせる。寺山は小学校の頃に青森空襲で焼け出され、その後3年間三沢で暮らした。寺山が青森に戻るのは中学に入ってからだ。この三沢時代が寺山の心象形成に絶大な影響をおよぼしたことは、三沢にある寺山修司記念館を訪問すればわかることである。そもそもこの町は、周囲が沼地で、夏はやませで霧が立ち込め、荒涼たる自然の中にある。

この『嵐が丘』のような風景の中で、捨て子同様の扱いを受けた寺山のトラウマは相当なものだったと思う。寺山の場合、当時は自分を置いていった母の存在に苦しみ、加えて〝町っ子〟に対するいじめにあって、ここで消しがたいトラウマを刻んだようだ。その後米軍基地が整備されて三沢にも人が集まってくるが、朝鮮戦争で三沢の景気が良くなってくるのは寺山が去った後である。

余談ながら、私の両親もこの頃三沢で暮らしており、私は母から、基地に群がる人心の荒廃について何度か聞かされたことがあった。当時、私の父はシベリアから帰ってきた後で、母と駆け落ち同然に一緒になり、三沢の基地に潜り込んでいたのである。当時は父の生活も荒れており、母は想像を絶する生活を経験したようだ。

その母が当時の三沢について詠んだ歌が『昭和万葉集　巻九』に載っているのでここでそれを引用させてもらう。

朝鮮に飛び立つ若き兵あまた狂ひ踊れる影がうつるも
百合子とふ昨日は笑みてゐし少女哀れ同胞に計られて墜つ
幌下し宵闇を来し憲兵はニグロなりけり百合子を買うと
米兵の遊び終ふまで人力車の車夫は待つなり日本人車夫は
逃げし兵一人を捜すとて銃構えわが部屋をも覗く米兵

▼沢田の写真家としてのデビューまで

一方沢田が三沢で暮らしたのは、私の両親が三沢を引き払った後のことで、朝鮮戦争が終了し、三沢が現在にいたる安定を確立し始めた時代だった。彼が勤めた写真館は、津軽や下北の厳寒の風景を撮った小島一郎が経営する写真館の三沢分館だった。

沢田の場合、寺山とは逆に青森にさほど良い思い出がなく、三沢では解放感を味わったようだ。夫人の証言では、無口な沢田が基地の米兵とはよく話したそうで、沢田はこの時英会話を習得した。この三沢での体験も対照的だが、後年寺山は、沢田が三沢で写真館に勤めていたことを知り複雑な思いにとらわれたと思う。

ともあれ、三沢での沢田の結婚は、本来は彼の人生を決定づけるものであった。それはかつて寺山が憧れたことのある写真館店主としての人生である。沢田がそのままであれば、沢田と寺山はすれ違いのまま終わっていただろう。しかし沢田にも意地があったのである。沢田が気に入った三沢を捨てて、さらに高みを目指した背景には、やはり輝く寺山の存在があったからだろう。沢田は無意識のうちに寺山の後を追い、東京に出向くことを決意する。もともと2人には似たところがあって、両者には「故郷からの逃走」と「内に秘めたる野心」という共通因子があった。ここでいう故郷という言葉の中には、両者にまつわる人間関係が含まれることに留意していただきたい。また「内に秘めたる野心」であるが、その野心の表出の仕方は寺山と沢田では異なっていた。寺山は自分を必要以上に大きく見せることに腐心し、逆に沢田は野心を察知されぬよう細心の注意を払ったのである。

そんな沢田が世に出て行くためには、目の前にあるわずかの人間関係を大事にするしかなかった。彼は社交的な妻を通じて米軍基地の将校（アマチュア写真家）と知り合い、彼からさまざまな写真技術を学んでいく。その沢田の真摯な態度とサタ夫人の家庭料理が気に入られ、彼は将校にかわいがられたようだ。

しかも上京後、沢田はその将校のつてで、UPI通信東京支局に入り込むことに成功する。この時寺山はすでに天才歌人と謳われ、放送作家・シナリオライターとして食を繋いでいた。UPI通信に潜り込めただけでもラッキーといえる沢田が、さらに高みを目指したのは、現実に東京で活躍している寺山の存在が目にちらついたからだろう。しかも大学も出ていない沢田にすれば、通信社のデスク仕事というのは決して居心地の良いものではなかった。当時の同僚の証言によれば、ここでの沢田は、極めて地味な、つきあいの悪い男だったようだ。沢田とて周囲が高学歴の社員ばかりでは、酒を飲む気はしなかったろう。この時点で、彼は写真家として自立することを切望するようになり、機会があれば写真を撮って歩くようになる。東京時代の彼が写した写真の中で注意をひくものとして恐山を写した連作があるが、これは寺山の短歌に触発された可能性があり、逆に寺山は、沢田の写真に触発され、後に恐山で映画を撮ることになったのかもしれない。

当時、報道写真の分野では、54年のインドシナ戦争取材中に地雷を踏んで死亡したロバート・キャパの名前が燦然と輝いていた。沢田も三沢時代から彼に憧れており、キャパのような人生を夢想するようになる。折しもヴェトナム戦争が激しくなり、ここで沢田の目がヴェトナムに向いていったのは自然の成り行きだった。そこで沢田は従軍写真家としてサイゴン行きを希望するようになる。しかし会社のほうはそうした若者の衝動的な要求を受け入れるわけにはいかなかった。沢田はもともと雑務要員で、ヴェトナムの取材を日本人にさせるわけにはいかなかったからである。サイゴン行きを希望して許可がおりなかった沢田は、東京オリンピックの取材が終わった翌年、突然休暇をとってサイゴンに行き、勝手に従軍写真家として戦場に赴く。そこで何枚かの戦争写真を撮ってニューヨークに送り強引に自分を認めさせてしまうのだ。

ニューヨークからすれば、沢田が一流の写真家に見えたのかもしれない。すべて情報不足からくる勘違いであった。同年沢田は、棚からぼたもち式にUPI通信のサイゴン支局員のポストを手に入れてしまうが、この滝壺に飛び込むような行動は、失うものが何もない青森男の蛮勇がなせる技である。この点は寺山にも似たところがあるが、この2人には引っ込む田舎がないという強さがあった。

▼ピューリッツァー賞受賞

その後1年も経たぬうちに、沢田は報道写真家としての最高の栄誉であるピューリッツァー賞を受賞してしまう。これはラッキーとしかいいようのない快挙だった。

日本人がピューリッツァー賞を受賞する確率というのは、宝くじで1等に当たる確率より低い。なぜなら写真でこの賞を受賞した日本人はまだ3人しかいないからである。ところが沢田がピューリッツァー賞を受賞する確率は、実はダーツで10人抜きするくらいの確率だったのである。というのも、当時サイゴンには従軍写真家は100人もおらず、その半数が素人だったからである。そしてピューリッツァー賞を受賞した人間は、沢田の他にも何人かいた。要するにヴェトナムに行くということは、それだけで賞取り合戦の半分が終了していたも同然のことだったのである。

とはいえ、従軍したすべての写真家にシャッターチャンスがあったわけではない。実際写真家の中には、着いたその日に死んだ人間もいた。しかも沢田が賞をもらった「安全への逃避」は、米軍の焦土作戦により家を捨てなければならなかった家族が、総出で川を渡るところを撮った写真だった。これはいわゆる戦闘写真ではなく、たまたま彼が遭遇した出来事を写した写真なのである。そうしたシャッターチャンスに巡り会えたのは、時の運としか言いようのないものだろう。この時シャッターを切りながら、沢田が賞を意識したかどうかはわからないが、この栄誉に対し、UPI東京支局の同僚達は当然のごとく冷たい視線を向けた。

まずUPI東京支局の社員には高学歴の人間が多く、彼らはただの雑務要員が報道分野の最高賞を受賞したことにひどくプライドを傷つけられた。しかも外資系ということで、社員はニューヨークの指示に忠実に従うことを考えていた。彼らは日本の記事を海外に配信することだけ考えていたのである。そうした人々からすれば、沢田のサイゴン行きは実に無分別な行動で、知性のある人間が選択できる行動ではなかった。最初から賞取りを狙ったわがままな振る舞いと映ったことだろう。それが現実にピューリッツァー賞をもらってしまったのだから、やりきれない思いにとらわれたとしても無理はない。

沢田の耳には、「戦争に行けば誰でもあれくらいの写真は撮れる」とか、「米軍の傘の中で、栄誉をものした」といった雑音が聞こえてくることになる。中には人の不幸を飯の種にしているというフォトジャーナリズムに対する批判も含まれていた。

特に日本においては、ヴェトナム反戦運動が華やかな時代で、他のマスコミも沢田に対しては一定の距離を置いた。そのため沢田は、自分の力を証明するためにますます戦場にのめり込んでいく。

それにしても、20歳過ぎればただの人という言葉があるが、子どもの頃に神童ともてはやされた人間ほど大人になると周囲を失望させ、世にはばかる憎まれっ子の後塵を拝すという現実はあまりにも多い。

一方、子どもの頃にはそこにいたことも思い出せない人間が、誰も気づかぬうちに脇道を歩き続け、ある時突然王道を発見して道を駆け上り、ついには誰も到達できぬ高みに立っているということがあるものだ。たとえば沢田教一の周辺にいた人達も、沢田に対してはそのような思いを抱いたのではなかろうか。

▼寺山、天井桟敷設立

寺山が天井桟敷を設立するのは、沢田がピューリッツァー賞をとった翌年であり、沢田の受賞が寺山の行動に何かしらの影響を与えたことは十分考えられる。

寺山にすれば、歯牙にもかけなかった不器用な男が、自分が気づかぬうちに先回りをし、自分が狙っていた獲物を先取りした、というような思いがあったのだろう。それを証拠に、寺山も沢田については「ただのニキビ顔の男」という突き放したコメントを放っている。

当時寺山は、すでに作家として一定の地位を確立していたが、短歌界からは盗作問題が災いして鼻つまみの扱いを受けていた。雑誌の原稿以外に、ラジオドラマやシナリオの仕事をもらっていたが、所詮放送作家というのは影の存在である。もっとも寺山としても、沢田の受賞がなければそのポジションに甘んじて不足はなかったかもしれない。しかし今やうさぎが亀に追い抜かれてしまったのである。

しかも写真については寺山には沢田以上のこだわりがあった。中原祐介が指摘するように、寺山は小さい頃から写真に憧れ、母親に写真屋への出入りを禁じられたほど写真好きだったという。70年代後半には自らパルコで個展を開いているが、私はその個展に足を運んでいる。いわゆる前衛写真と団員のスナップを撮ったものであったが、腕前はプロ級で、本当に寺山が撮ったのかと思ったほどだ。

「写真は『真を写す』ではなく『贋を作る』のだ。実際に起こらなかったことも歴史のうちである」というのは寺山の言葉だが、写真は寺山にとって自分の神話を形成するための道具だった。彼の映画狂いも基本的に写真の延長線上にあるものと考えることができる。

そんな寺山であるから、沢田のピューリッツァー賞受賞が、彼を次なる行動に駆り立てたとしても無理はなかった。かくて寺山は、写真よりもさらに虚構を構築できる演劇という滝壺に身を投じ、やがては一躍時代の寵児に躍り出てゆく。もちろんそうした寺山に対しては、特に文学（短歌）の世界からは批判がわき起こってくる。「青森の人間は恥も外聞もないのか」エトセトラ。

しかし、歌壇という閉じられた世界、シナリオライターという影の世界に留まることはもはや寺山にはできなかった。この後の寺山と沢田は、表面的には何の関わりもなくそれぞれの人生を走り抜けていく。

このように、同郷で同期というだけで、ライヴァルになることを宿命づけられた関係というものが世の中には存在するが、寺山と沢田は、表面的にはまったく関係がないようで、心の奥底では互いを意識せざるをえない緊張関係というものを共有していたのではなかろうか。そう思えるのである（注：寺山と沢田が青森高校の同期であることは、その後大きく取り上げられ、２０１５年には東奥日報が特集記事を組み、青森で二人の回顧展が開催された）。

演劇とキネマ、その尋常ならざるこだわり

寺山修司の話をしたが、寺山の劇団「天井桟敷」が、1969年に唐十郎の「状況劇場」の団員と乱闘騒ぎを起こした時、状況劇場で電話番をしていた少女がいた。舞踏家、**雪雄子**さんだ。雪さんは、東京都目黒の生まれだが、その後暗黒舞踏の創始者土方巽に出会い、1972年、大駱駝艦の旗揚げに紅一点として参加する。75年には北方舞踏派（山田一平主宰）と共に山形県出羽山麓へ移住、78年には小樽で活動を続ける。

その雪さんが日本中を歩いた後で辿りついたのが津軽だった。彼女は現在平川市に居住しながら、現役の舞踏家として活躍している。

▼青森演劇事情

ところで唐十郎が1963年に状況劇場の前身となる劇団を旗揚げした時、その創立メンバーと

して参加していたのが、唐と同じ明治大学卒の**笹原茂朱**である。彼は65年に唐と袂を分かって、その後「シアター夜光館」を旗揚げして全国行脚を始める。その後、名前を「**劇団夜光館**」に変え、日本各地を回った後で、73年に津軽に辿りつく。73年の5月、彼は弘前市の住吉神社で『賽の河原篇』を上演し、そのまま弘前に居着くことになる。

当時弘前では、佐藤信の黒テントも公演を打ったが、テスト期間中にもかかわらず観に行った私は、「天井桟敷」か「夜行館」か、はたまた「黒テント」かと、悩み多き高校生活を送った。この「夜行館」は、その後「**だびよん劇場**」の**牧良介**の客演を得て東京で公演、その後また拠点を東京に移す。東京公演のほうも私は観たが、その時の牧さんの演技は今でも忘れない。静かな語りの中から浮き上がる言いようのない存在感、それは見事に笹原演劇にマッチする名演だった。

この後笹原さんは、95年に再び津軽に入り、現在まで津軽で演劇活動を展開している。そして彼を津軽に引き留めたのは、やはり「ねぷた」であった。彼の劇団は、今もねぷたを出陣させるが、考えてみれば、ねぷたというのはそもそも野外劇なのである。

キリスト教の宗教劇ではないが、ねぷたというのは祝祭的演劇といって過言ではない。それに昔は「喧嘩ねぷた」というのがあって、道を譲れ譲らないで喧嘩が始まったらしい。私は、寺山修司が後に街路劇をやるようになった原点はねぷたにあったと思っている。ついでにいうと、寺山の演劇的ルーツは、映画館と弘前桜祭りの見せ物であったと私は見ている。

話を70年代前衛演劇の生き残りが青森を拠点に活動している話から始めたが、実際青森は、戦後の農村演劇の時代から現在に至るまで演劇が盛んな県である。演劇関係の人名録と言えば、他に舞台装置の菊谷栄、劇作家の秋田雨雀、ミュージカル俳優の下村尊則、歌舞伎役者の2代目市川笑也、新劇俳優の長内美那子、モダンダンスの江口哉などの名前が挙がる。もちろん演劇が盛んなのは青森だけではないだろうが、地方にしては劇団の数もかなりある。

その中でも一番古かったのが弘前市の劇団「**雪国**」で、初代座長は女優長内美奈子の父である長内和夫で、彼は黒石市出身の劇作家秋田雨雀の薫陶を受けた人だった。なおこの劇団の結成は1950年、2011年に解散するまで61年間、工藤達郎の作品を中心に、数多くの作品を上演した。

「**劇団弘演**」も1963年の創立である。2016年で53年目だ。作間しのぶさんを中心に、作間雄二などの作品を上演してきたが、最近は演目を広げ、現代劇も上演している。1983年に青森県芸術文化報奨を受賞した。

「**劇団サザンカンフォート**」清水司を中心に1999年旗揚げ、笑いを中心とした演目を上演している。

以上の3つは弘前にあるが、続いて青森の劇団を見ていく。

「**劇団支木**」は、1963年設立、こちらも半世紀が経過する老舗の劇団だ。演目は新劇風の芝居が多いが、松竹新喜劇のような芝居も演じている。

「弘前劇場」は長谷川孝治を中心に1978年旗揚げした。名前は弘前だが、今は青森にある。**「渡辺源四郎商店」**は2008年に設立。「店主」畑澤聖悟の戯曲を上演することを主目的とした劇団だ。畑澤聖悟は高校演劇の大家でもある。

劇団「野の上」は、2009年旗揚げ。神奈川に住みながら首都圏や仙台等で俳優活動を続ける山田百次が青森を拠点に活動する劇団だ。

青森には、他にも老舗の**「雪の会」**他、**「エゴイスト」**、**「夢遊病者」**などの劇団があるが、この数は地方都市として並ではない。

続いて八戸にいくが、**「劇団やませ」**は2001年創立、柾谷伸夫（八戸市文化賞受賞）の作品などを中心に上演してきた劇団だ。

「モレキュラーシアター」は豊島重之を中心に海外公演を何度もこなしたパフォーマンスグループだ。内外の芸術家を招待しての「八戸芸術大学」や市民参加による芸術イヴェントを展開している。

（注：この他にも青森県三沢を中心に活動する演劇集団「劇団INTELVISTA（インテルビスタ）」など新しい劇団が次々と誕生している。また弘前大学や青森大学の学生劇団も元気だが、劇団の消長は激しいのでこの辺にしておこう）

▼映画で街おこし

演劇とくれば、次は映画の話である。これがまた、青森には好き者が多いのだ。

いわゆる地域おこしの中で、映画祭というのは全国あちこちにあるが、この青森でも、かつて「中世の里なみおか映画祭」という町の映画祭があった。この映画祭は１９９２年から始まり、２００５年まで続いた。フレデリック・ワイズマンのドキュメンタリー作品など、日本であまり観ることのできないアート系の映画を上映し、全国からも人を呼び寄せる映画祭だった。浪岡町が青森市と合併した後に補助金が打ち切られて廃止となったが、青森市では、これとは別に**「青森映画祭」**というイヴェントを定着させている。

この映画祭もやはり92年から始まっており、年々規模が大きくなっている。「青森映画祭」のほうは、大手の配給に乗らないインディーズ系の新作映画を中心に上映される。毎回監督や主演俳優を招待し、それがお祭り気分を盛り上げている。

この他、弘前市ではＮＰＯの「ｈａｒａｐｐａ」という団体が、**「harappa映画館」**と称して不定期で映画の上映会を実施している。三上雅道さん、品川信道さん、成田清文さんの３人の映画通を中心に、これもなかなか観ることのできないレアもの映画をたくさん上映してきた。

また県内各地にフィルムコミッションがある。役者もいるし、ロケ地に事欠かない青森は、映画の撮影には最適の場所だ。それを証拠に、近年、青森での映画撮影が増えている。

こうした映画愛好家の活動が盛り上がった背景として、かつて弘前市にあった名画座の存在の影響がある。その名を「弘前マリオン劇場」というが、この映画館は東北唯一のアート系劇場として１９８８年に開館し、２００１年まで６８０本の映画を上映した。２０１０年、この映画館を愛した人々の同窓会が、マリオン劇場を運営していた岡部由紀子さんを中心に開かれたが、秋田県や岩手県からも人が訪れたようだ。

映画好きは日本中にいるが、青森の映画愛好者はどうもアート系やインディーズの映画が好きなようだ。このマイナー指向が、いかにも青森らしい。

寺山修司は、叔父が経営している青森市の映画館「歌舞伎座」で青年時代を過ごした。そこで戦前のフランス映画をずいぶん観たようだ。その中にはアヴァン・ギャルド映画が何本かあり、それが彼の映画の中に取り入れられている。

若き日の裕次郎が出演した『幕末太陽傳』で有名な、むつ市出身の映画監督である**川島雄三**、そしてその後継者である**鈴木清順**（出身は東京だが、旧制弘前高校・現弘前大学出身）も、アート系の映画作家であると言える。

ちなみに私は、鈴木清順が監督した『弘高青春物語』に、バナナのたたき売りの役で出演した。このロケは、黒石の鳴海酒造という文化財級の酒屋を借りて徹夜で行なわれたが、霧が立ち込める真夜中、ひたすら清順が動き出すのを待つという忍耐のロケだった。で、せいぜい私が自慢できることと言えば、私がその時着た衣装というのが、沢田研二が『夢二』で着たものと同じものだったということである。

なお最近の若手では、**木村文洋**、**横浜聡子**といった映画作家が青森から誕生しているが、この2人もアート系と呼べる映画人だ。横浜聡子の『ウルトラミラクルラブストーリー』で主演を演じた松山ケンイチが青森県むつ市の出身であることは最初に触れた。

この他脚本家では、戦前の松竹の映画の脚本を書いた**北村小松**（『マダムと女房』）、黒澤明の『生きる』を共同執筆した**小国英雄**などがいるが、小説家の**石坂洋次郎**、**菊岡久利**、劇作家の**工藤達郎**も、戦中映画の脚本を手がけている。

▼注目される映画監督五十嵐匠

この章はこれで終わってもよいのだが、実は前章に登場した沢田教一のドキュメンタリーを撮っているアート系の映画監督が今ひとりいるので、彼についても少し触れておきたい。２００４年のブルガリアのバルナ国際映画祭で、日本人初のゴールデン・アフロディテ賞を受賞した弘前高校出身の**五十嵐匠**だ（受賞作『ＨＡＺＡＮ』）。沢田のドキュメンタリーというのは、彼が95年に制作した『ＳＡＷＡＤＡ』を指している。

この映画は、沢田の誕生から死までを、彼が残した写真や手紙、そして彼と生前つきあいのあった関係者の証言によって描いたドキュメンタリーである。それが五十嵐自身によって再構成されており、全体的な印象としては、記録映画にしては物語性が強く、いわば謎解き型の伝記映画といった作りとなっている。

この映画について五十嵐は「ドキュメンタリーなのか自分でもよくわからない。僕はドキュメンタリーそのものがわからなくなった」と語っているが、その意味は、彼がこの映画で、事実を記録したのではなく、記録映画の形を借りながら人間ドラマを描いたということだろう。

五十嵐は、沢田の人生を発見しながら、沢田が自分にとてもよく似た人間だと感じたようだ。つまり沢田を描くことは、自分を語ることのように思われたのではなかろうか。映画の最初で五十嵐自身の沢田体験が語られるが、彼は沢田の1枚の写真に触発され、いつしか沢田の映画を撮ることになるだろうと予感する。そして87年には、ヴェトナムに行って留置場に入り、そこで映画を撮ることを決断するのだ。その後、みちのく銀行の頭取とかけあって映画の資金を出してもらうが、この行動力は沢田に似ている。

また五十嵐のもうひとつのエピソードとして、中学の時に、水野晴郎に「映画監督になるにはどうすればいいいんですか」という手紙を送り、「いまの勉強をきちんとして、映画をたくさん見ること」という返信をもらったというのがある。彼は言われたことをそのまま実践する思いこみの強い子どもだった。この能天気さも沢田に通ずる五十嵐の資質だ。

この時彼は、いつか故郷を捨て、自分がただ者ならざる人間となることを運命づけられていると感じた。もっとも通常であれば、こんな思い込みはただの誇大妄想で終わるのが常なのだが、五十嵐の場合、「内なる野心」の命ずるままに迷いもなく前に突き進んでいく。

立教在学中はシナリオ・センターに通って自主映画を制作、卒業時には手当たり次第に電話をかけてTVドキュメンタリーの仕事を得、自分の道を爆走した。

フリーとなってから作った最初の劇場公開映画は高木恭造の詩集『まるめろ』から想を得た『津軽』である。学生時代に作って認められた『幻影肢』は、連続射殺魔永山則夫をモチーフとした作品だ。

それにしても、当時の生意気な映画通の弘高生は、ゴダールがどうだの、パゾリーニがどうだのと議論していたものだ。それに対し五十嵐は、高木恭造や永山則夫、そして沢田教一といったローカルにこだわっていたのである。だがその泥臭さが逆に彼を成功に導いたと言える。

その後ボートピープルを描いた『ナンミンロード』で文化庁優秀映画作品賞を受賞するが、この実績を踏まえて、彼は『SAWADA』の話を売り込むのである。そして『SAWADA』の撮影の最中に一ノ瀬泰造のことを知り、今度は『地雷を踏んだらサヨウナラ』を作ることになるのだ。

このように、五十嵐は常に前作に関連づけながら、次の作品を撮るチャンスを獲得し、いつしか伝記映画の作家としての地歩を築いていく。続いて彼は詩人の金子みすゞの生涯を映画にした『みすゞ』を、そして2004年、板谷波山の生涯を描いた伝記映画『HAZAN』で国際映画賞を受賞した。

十和田市現代美術館と青森アート事情

演劇、映画とくれば、次は美術の話だ。

美術館による地域おこしというのも、ひところ日本中あちこちで行なわれた。しかし成功している事例はあまりない。美術館というのは、作品の収集と施設の維持に莫大な金がかかるからである。

青森県でも、県が莫大な金をかけて県立美術館を建設した。県立美術館は、シャガールの舞台美術絵「アレコ」を購入し、こけら落としにシャガール展を開催した。その時はたくさんの人が見に行ったが後が続かなかった。その後企画展を色々開催しているが、黒字にするのはなかなかたいへんなようだ。今後は、県展などの会場として、県民に開かれた美術館運営を目指すべきである。

県立美術館には、マティスやクレーなどの海外作家の他、**棟方志功**、**関野準一郎**、**斎藤義重**、**小野忠弘**、**阿部合成**、**野沢如洋**、**橋本花**、**工藤甲人**、**工藤哲巳**、**成田亨**、**佐野ぬい**、**奈良美智**、**鈴木正治**などの県人アーティストの作品が展示されている。ラインナップは個性豊かな人ばかりであるが、これを見ると、ちょっと偏っていませんかと言いたくなる。具象画の美術作家がほとんど含まれていないからだ。

青森県には、**鷹山宇一**、**松木満史**、**小館善四郎**、**奈良岡正夫**、**葛西四雄**といった中央で活躍した具象画家の他、**棟方寅雄**、**常田健**、**明山応義**、**水木信一**といった、青森に住みながらも全国的に高い評価を得た具象画家がかなりいる。しかもローカルな評価ながら、その業績を評価されて青森県文化賞をもらった絵描きは20人近くいる。が、そのほとんどは具象画の画家なのだ。そうした人々の作品をもっと展示してほしい気がする。

閑話休題、弘前や八戸にも美術展を開催する博物館があるが、これも最近は大きな展示会を開催しなくなっている。現在は郷土の歴史を学ぶ教育施設といった趣だ。青森にある、県立郷土館（歴史）、稽古館（民俗）、棟方志功記念館もしかりである。いずれも閑古鳥が鳴いている状況だ。だいいち建物自体が文化財である森林博物館は別として、どうして青森市内に3つも小さな美術館や博物館が分散していなければならないのか。この辺が縦割り行政のうまくいかないところだ。

新幹線七戸十和田駅前にある道の駅「七戸」内に作られた**七戸町立鷹山宇一記念美術館**は、完全な観光施設で、こちらのほうはそれなりの成功を収めている。「ドラえもん」の原画のような企画展を行なうためである。規模も小さく、維持管理にも金はかかっていないようだ。

▼十和田市の現代美術館の健闘

そんな状況の中で作られたのが、**十和田市現代美術館**だった。これは原子力発電の交付金を原資に作られた施設で、２００８年4月に開館した。

十和田市が交付金を美術館建設に使ったのも驚きだったが、これは赤字を再生産する箱物施設になるだろうというのが、大方の予想だった。ところが予想に反して、**このプロジェクトは大成功**となったのである。

きょうび、何が当たるかわからないというのが正直な感想だ。人口6万3０００人の十和田市において、開館後わずか4日で入館者が1万人を突破し、２０１4年8月には来館者が１００万人を突破した。

もともと十和田市は三本木原と呼ばれる台地で、台地周辺に寒村が点在するだけの地域だった。安政２（１８５５）年に新渡戸稲造の祖父の新渡戸《にとべ》傳《つとう》の発案で、奥入瀬川から水が引かれ、開拓されて町ができた。明治時代に陸軍が軍馬局出張所を設置したことから、馬産が栄え、現在は冷害に強い稲の品種の導入で穀倉地帯となっている。２００8年に『三本木農業高校、馬術部』（監督佐々部清）という映画が公開されて話題となったが、あの映画の舞台となった学校があるところだ。南部から十和田湖に向かう起点の町でもあり、街路樹として桜が植えられた官庁街通りは「日本の道百選」に選ばれている。いずれにせよ、美術とは何の関係もない町だが、その町で始まったプロジェクトだった。
この美術とは何の関係もない町に美術館ができたことが、成功の理由の一つだったかもしれない。ところで十和田市現代美術館は、初めは官庁街通りの整備の一環として企画されたようである。つまり街づくりの一環であったのだ。一つの作品に対して一つの展示室が与えられ、来館者は、迷路を歩くように展示室を巡るようになっている。美術館のホームページには、次のようなコンセプトが載せられている。

十和田市現代美術館は、アートを通した新しい体験を提供する開かれた施設として、国内外で活躍する21人のアーティストによるコミッションワークの展示のほか、芸術文化活動の支援や交流を促進するための施設です。（中略）館内には、常設展示室、企画展示室、休憩スペース、市民活動スペース、屋外イベントスペースなどの多様な機能を内包しています。

それと付け加えておきたいのは、この美術館の運営に市民がボランティアで参加しているということだ。三沢航空科学館と同じである。この**市民ボランティア運営方式**は、十和田市が以前から行なっている方式で、十和田市では市民会館の運営、すなわち照明、音響の裏方が、市民ボランティアによって行なわれてきた。これはいわゆるただ働きではなく、市民にとっては、趣味と実益を兼ねる方式だった。文化活動に従事するのは、紛れもなく楽しみのひとつであるからだ。

弘前市のNPOである「ｈａｒａｐｐａ」が、奈良美智の展覧会「Ｙｏｓｈｉｔｏｍｏ　Ｎａｒａ＋　ｇｒａｆ　ＡｔｏＺ」を実施した時も、展覧会の運営がボランティアでまかなわれ、大成功を収めた。この時は弘前の商店街が展覧会に相乗りし、街全体が美術フェスティバルの様相を呈した。ボランティア方式は、今後文化活動を運営するうえで、参考にすべき運営方式であろう。

▼奈良美智と五十嵐匠

話はここで**奈良美智**に飛ぶが、実は彼は、映画監督の五十嵐匠と同じ歳で、弘前高校の同窓である。

聞くところによれば、奈良美智は、その甘いマスクも手伝って高校時代から何かしでかしてくれる予感を感じさせる高校生だったようだ。かなり目立つ生徒で、いわゆる「選ばれし者の不安」を内に宿す若者であった。五十嵐にはそうした外連《けれん》さはなく、彼のほうは「秘めたる野心」が空回りする高校時代を送っていたようだ。この意味では、五十嵐と奈良美智の関係は、沢田と寺山の関係に似ている。在学中の２人には接点はなかったと推測されるが、大学を卒業してからは、両者はやはり互いにライヴァルであることを定められてゆく。

先ほど寺山と沢田には帰る故郷がなかったと書いたが、逆に五十嵐と奈良にとっては、いかに故郷を断ち切るかが一つの闘いであったろう。一般に弘前の人間は、東京に出てもちょっとした躓きで舞い戻ってくる人間が多い。

大学卒業後の両者の交友関係についてはまったくわからないが、2人の場合、連絡を取り合うような関係にあったかどうかは問題ではなく、たとえ口をきいたことがなかったとしても、無意識のうちに互いの動向に注意を払わざるをえない状況が存在したのではなかろうか。

共に遅咲きといえるが、奈良美智がドイツに渡った翌年に、五十嵐は最初の劇映画『津軽』を発表している。奈良美智はドイツで名を上げるが、彼が日本に帰ってきて銀座で個展を開くのが、五十嵐が『ＳＡＷＡＤＡ』を発表した2年後（１９９９年）であった。奈良美智が活発な活動を展開して全国的に有名になるのはそれ以降のことであり、それは五十嵐が『ＳＡＷＡＤＡ』を発表して旺盛な創作活動を展開した時期と軌を一にしている。つまり2人は、ほぼ同時期に走り始めたことが確認できるのだ。現在弘前市では、古い煉瓦倉庫にこの奈良美智作品をメインとした現代美術館の建設を検討している。これができれば、また弘前の名所が一つ増えることになるだろう。

それにしても、**寺山、沢田、五十嵐、奈良**と、青森という田舎から世界に飛び出すことを決意した4人に共通する資質とは何であろうか。

この4人を見てひとつ感ずることは、まず表現したいことがあって媒体が存在したのではなく、まず飛び出したい衝動があって手段が後からついてきたのではないかと思われる点だ。

また飛び出した理由も、いわゆる貧しさからの逃避といった立身出世型の動機とは無縁なものである。そうではなくて、いわば辺境からの世界への憧れといった、極めて漠然とした動機を伴う何かだった。

「そこに山があるから」登り始めるというのは人間が本来持っている欲求である。しかし多くの人間は、険しく高い未踏の山に登れば下山してくるのが常だ。途中で橋のかかっていない谷に出会い、先に進むことを断念するからだ。そこから先は、「見る前に跳べ」を実行できるか否かにかかっている。いわゆる分別から断ち切られている必要があるだろう。けだしこの4人には、啄木の言う、「高きより飛び降りる心」が備わっていたと思われる。そして一人では飛び込めない滝壺も、他に同志がいれば飛び込むことが可能であるというのも、また真実である。

持つべきものはライヴァルというのは使い古された言葉だが、最良のライヴァルは常に青春を同じく生きた同窓の中にいるのかもしれない。

それぞれの文化村の競い合い

弘前市は人口20万もない地方都市である。しかしこの町は馬鹿にできない町だ。かつて古代ギリシャのアテネの人口が20万強だったそうだが、アテネと較べるのは無謀にしても、とにかく弘前には文化人が多い。毎年9月から12月まで、弘前市では市民文化祭が開かれるが、この会場割り当てに市の職員は四苦八苦する。ほとんど毎日のように、どこかで何かが行なわれている。何かの文化活動をしている人は、おそらく1万人近くいるのではなかろうか。町で石を投げればかならず文化人に当たる。もちろん、他県にくらべてハイレベルだと言っているわけではない。しかしとにかく文化好きなのだ。こんな小さな町に総合文化教室が2つあってどちらも成り立っている。

そして、書道、美術、工芸、民芸、小説、評論、詩、俳句、短歌、川柳、詩吟、かるた、バレエ、日舞、モダンダンス、民俗芸能、華道、茶道、コーラス、器楽、邦楽、バンド、演劇、映画、写真と、ありとあらゆる文化団体が存在する。あり過ぎて困るくらいだ。招待されても顔を出せないからである。そうした弘前の文化団体の中で、ユニークな団体をいくつか紹介したい。

まずは地方都市では珍しいオペラの団体がある。「**弘前オペラ協会**」だ。この団体の歴史は1968年に始まる。弘前大学教育学部の学生が、学内でオペラ『フィガロの結婚』を上演したことをきっかけに、その仲間達によって1970年に設立された。その後毎年かかさずオペラを上演してきた。

百万都市でも上演するのが難しいオペラを46年間も継続して上演してきたのも驚きだが、出演者、オーケストラ、装置、照明すべて自前で、東京から呼ぶのは演出家だけである。

音楽団体としては、他に弘前交響楽団、弘前コンセール・リベルテ、弘前バッハアンサンブル、弘前バロックアンサンブル、弘前マンドリンアンサンブル、北の四重奏、パーカッショングループ〈ファルサ〉などがあり、これにたくさんのママさんコーラスが加わる。

書道の分野では**菊池錦子**（NHK大河ドラマ『篤姫』の題字）さんをはじめ、たくさんの流派があるが、「**北門書道渓聲会**」という会があるので紹介したい。これは近代詩を専門とした刻字の会だ。ちなみに近代詩の刻字は、他は福岡に一グループあるだけらしい。刻字というのは、いわゆる篆書を刻む篆刻から派生した書道の一ジャンルで、戦後の日本で誕生した。渓聲会の特徴は、文字の爆発力だ。あたかも岡本太郎の彫刻のように、一瞬の情念のほとばしりを感じさせる文字を彫る。

書であると同時に彫刻であり、工芸と言えるものだ。

文学サークルもたくさんある。陸羯南や石坂洋次郎の会の他、「弘前ペンクラブ」という組織があり、多数の人がその会員となっている。なおペンクラブは青森と八戸にもあり、三市のペンクラブは定期的に交流している。同人誌も小説、詩、俳句、短歌と多彩で、年に何回も朗読会が開かれる。俳人や歌人は日本中にいると思うが、弘前で多いのは詩人と称される人たちだ。「亜土」の山田尚、「弘前詩塾」の藤田晴央、「飾画」の内海康也、「北奥気圏」の船越素子など、詩の雑誌がいくつもある。

地方の文芸活動を考えるうえで、地方出版の存在を忘れることはできない。当然弘前には地方出版社があるが、その中でも歴史があるのは、直木賞受賞作品（長部日出雄の『津軽世去れ節』）を生み出した津軽書房の存在である。津軽書房は1964年に故高橋彰一さんによって設立され、83年にサントリー地域文化賞を受賞した。高橋さんの死後、伊藤裕美子さんがその遺志を引き継ぎ、出版事業を継続させている。

この弘前に対抗するように、青森市も文化活動が盛んだ。青森には県庁や企業があり、テレビやラジオの放送局と東奥日報がある。青森の文化活動の推進者は、こうした役所人、企業人が中心となっている。弘前・五所川原の草の根とは対照的だ。

大学や図書館、博物館、放送局、新聞社の人たちは、そもそも文化を生業としている人たちなのでここでは人名は挙げないでおくが、そんな中で企画集団ぷりずむの杉山睦子さんについて一言触れておく。

企画集団ぷりずむは、1979(昭和54)年以来、タウン誌「あおもり草子」を通じて数々の青森文化を発信し続けてきた団体だ。確かに企業ではあるが、杉山さんと、編集の佐藤史隆さんによる文化創造集団といったほうが近い。

最後に八戸だが、八戸にもデーリー東北という新聞社があり、この新聞を中心に、多くの文化団体がネットワークを形成している。特に八戸は、小寺隆韶といった高校の教員によって地域文化がリードされてきた経緯があり、小寺さんが第一回の演出を務めた八戸市民創作オペラ協会は1990年にサントリー地域文化賞を受賞した。デーリー東北の郷土史に関わる記述も高校教員が中心となって担ってきた。

ところで、ここまで触れる機会がなかったのでここで記すが、実は青森県でただ一人芥川賞を受賞した作家である**三浦哲郎**は八戸出身であることを強調しておく。彼は八戸市の呉服屋の息子で八戸高校出身だ。早稲田大学政治経済学部経済学科へ進学したが、兄が失踪したため休学して帰郷、八戸市の中学校で助教諭を務めながら小説を書き、1953年に早稲田大学第一文学部フランス文学科へ再入学、在学中に新潮同人雑誌賞を受けて、61年に『忍ぶ川』で芥川賞を受賞した。その後数々の作品を書いて文学賞を総なめにするが、太宰や寺山のようなパフォーマーではなかった。

なお『忍ぶ川』は72年に熊井啓によって映画化され（主演　栗原小巻、加藤剛）、その年のキネマ旬報で第一位となった。私はその映画を封切りで見たが、二人が結ばれた翌朝に窓から外を見たとき、馬橇が通り過ぎてゆくシーンの美しさに感銘を受けたのを覚えている。

この三浦哲郎に影響を与えたと言われるのが、八戸の詩人、**村次郎**だ。近年、有志によって全集が刊行されたが、八戸で愛されている郷里の作家である。

また八戸と言えば、秋田県の大館出身で、八戸で暮らした江戸時代の思想家、**安藤昌益**の名も忘れることはできない。彼の『自然真営道』は、日本における共産主義、アナキズムの嚆矢と言われ、今でも名著として読み継がれている。

いずれにせよ、青森においては、文化活動でも3つの地域は別々に活動し、どこまでも一つにならないところが面白い。本来であれば青森市が先頭に立ち、それに弘前と八戸がついてゆくという形が普通なのだろうが、今後もそうはならないだろう。

東奥日報と各テレビ局は、すべての地域に目配りし、青森県全体のことを取りあげているが、現在三つの文化村は、ますます分化の道を辿っているという感じだ。

第4幕 いつかは青森の幸せ

バラ色？の青森の未来

今まで青森の過去と現在についていろいろ書いてきたが、最後は青森の未来を論じて終わりにしよう。果たして青森は、これから過疎の県として衰退の道を辿ってゆくのだろうか。それとも、バラ色の未来がやってくるのだろうか。

この件について言うならば、私は意外に楽観的な見通しを持っている。確かに大企業はなく、若者は流出し、老人ばかりが増えていく流れに変化はないが、今まで見てきたように、青森には都会が失ってしまったエネルギーが温存されているような気がするからだ。

青森の自然、風土、文化は今後ますます人を呼び寄せてゆくだろう。新幹線が繋がったことで、都会の人々は、今後青森に足を運ぶ機会が増えるに違いない。

少なくとも観光産業は、21世紀の青森の重要産業に成長してゆくだろう。しかしそれだけではない。青森には観光産業以外にもさまざまな可能性を秘めた何かが潜んでいる。この未知数の何かが、青森の魅力となっている。

もし東京で行き詰まった起業家がいたら、青森に来ることをお勧めする。意外にこの地には商機があるのではなかろうか。なにしろ土地が安いのですぐ事務所や工場を作ることができる。そして人材も豊富だ。

この章では、青森の4つの都市、すなわち青森、八戸、弘前、むつについて、それぞれ未来のグランドデザインをスケッチしてみたい。

交通、物流拠点としての青森市

県都青森は、県庁が存在し、記述したように青函連絡船の港があった港町だ。今もフェリー埠頭があって、大きな問屋が林立している。青森駅周辺ではかなり大きな商店街が存在するが、最近は元気がない。青森市は、商店街の活性化のためにさまざまな施策を打ち出しているが、これがなかなかうまくいっていない。どこの県でも同じだが、市外の拡大による中心部の空洞化が進んでいるのだ。

これについていくぶんきつい言い方をすると、青森の街は自動車で走るには便利だが、歩いて面白い街ではない。面白いのは駅からアスパム周辺の海が見える一角と、それに隣接する新町通りだ。これには理由がある。青森は空襲で焼けた後、街づくりに際して道路幅を拡張し、碁盤の目のような区画整理を行なった。これはモータリゼーションを予見した先見の明がある施策だったが、自動車が走りやすい道路というのは、歩行者にとってはつまらない道路となる。今のように郊外店で用が足せるようになると、誰も駅前の商店街には寄りつかなくなるのも当然だ。かつて存在した古川市場がなくなってしまったことも大きな痛手だった。

こうした青森が参考とすべきは、仙台のような都市だろう。街の中にモール街や広場を作り、歩行者専用道路を整備するのである。そしてもっとバス路線を充実させるべきだ。仙台の場合、東北全域に向かう高速バスが整備され、東北全体から仙台駅に人が集まるようになっている。そして駅前にモール街があり、そこを抜けると歓楽街がある。ＪＲも仙台を交差する路線が多く、放射線状に交通路が整備されている。新幹線が来た今、駅を降りれば、バスでどこにでも行けるようなシステムを構築すべきだ。そしてどこからも人が集まるような施策を採るべきである。２０１６年、新幹線が北海道に延伸になる。ここは北海道に人が流れるのではなく、北海道から人が流れてくるように考える必要がある。

その際考慮すべきは青森駅の玄関口として顔づくりである。駅周辺だけで良いから、他県の人間が驚くような化粧をしてもらいたい。それこそネブタの隈取りのような、ユニークな駅の顔、それを新幹線駅につくるか、現駅につくるかが問題だが、既に青森駅には、下北行きの定期船があり、旧青函連絡船（八甲田丸）が停泊し、ねぶた展示施設「ワ・ラッセ」がオープンしている。さらにアスパムの向こうには豪華客船が停泊する岸壁も完成した。これに函館のような倉庫街が加われば、申し分ない。後はそれぞれの施設を繋ぐ歩いて楽しいプロムナードやモール街が必要となる。そして新幹線駅と青森駅を結ぶバスを短い時間の間隔で出せるよう留意すべきだ。

人が青森に集まり、そこから出発してどこかに向かう。青森はそうした街づくりを目指すべきだと思うが、同時に物が青森に集まるようにする施策も求められる。現在問屋街は高速道路の出口の近くにあるが、専門家の方が知恵を絞って、物流基地としての青森を築いていくべきだろう。

観光で言うならば、ねぶたばかりに頼っても、これ以上の発展は望めない。青森市は、県内各地の観光地への出発点としての機能を負わせるべきだ。そして市内の観光資源は、三内丸山遺跡の周辺に集積させるべきだ。新幹線の駅から三内丸山までは車で10分かからない。そして遺跡の隣にある県立美術館には、せっかくシャガールの「アレコ」があるのだから、今後もシャガールの作品収集を進めるべきだろう。

かつてこけら落としの「シャガール展」が大成功を収めた理由は、ねぶたと連動させたことも良かったが、なんと言っても三内丸山の隣にあることが大きかった。高速道路を出て5分で、世界に通用するものを2つ見ることができるというのはそんなにある話ではない。かなりの県外客が訪れたと思うが、これが集積効果というものであろう。

人間社会の算術においては、1+1は2ではない。4になることもあれば0になることもある。ゴレンジャーが並べば、レンジャー×5だが、合体すると5以上になる。逆にまた、ゴミはいくら集めてもゴミでしかなく、まれにダイオキシンが発生する場合もある。かように人間社会の算術は単純ではないが、「シャガール」＋「三内丸山」の場合は2以上の効果を発揮したはずだ。

加えて、この際郷土館や棟方志功館、そして近代文学館も県立美術館の周辺に移転させたらどうだろうか。そしてそこに一大文化センターをつくるのである。そうすればさらなる集積効果が生まれるだろう。近代文学館には太宰と寺山の特別展示室をつくって県外からファンを呼べばよい。同時に美術館にはシャガールの他にも青森県にこだわったローカル展示室をつくり、県内客も呼ぶよう配慮すべきだ。そうすれば県内、日本、世界と、あちこちから人を呼べるようになる。

ここで一つ重要なのは青森空港の存在だ。青森空港では韓国のソウル、そして２０１６年には中国の杭州との国際線乗り入れが決まった。特に今後は中国からの観光客の増加が見込まれている。同様に豪華客船が停泊できる埠頭が完成したので、青森市の商店街はこうした外国人観光客を受け入れる体制を整えることが急務となっている。

ともあれ、陸奥湾は内海であるので、排水が流れるような工場を無理に誘致すべきではない。青森市街は、地方都市としては十分に拡大した。今の街の規模を維持しながら、化粧直しをしてゆくという発想が求められるだろう。

産業都市八戸市

新幹線が青森に到着するまで東北新幹線の終点は八戸だった。

八戸が新幹線の終点だった間、八戸は三社大祭やえんぶりなど観光開発にエネルギーを注いだ。しかし結果的に、観光開発では目に見える成果をあげられなかったようだ。全国的にも珍しいウミネコ繁殖地の蕪島からはじまる種差《たねさし》海岸は風光明媚な海岸だが、八戸のイメージは、いわゆる観光とは別なところにあるからだ。八戸は、やはりどこまでいっても産業都市なのだ。

八戸が新産業都市に指定されたのは１９６４年のことだった。東海道新幹線が開通した年である。新産業法は全国総合開発計画に基づいて策定された法律で、今は存在しないが、八戸は青森県で唯一の新産業都市として、順調な発展を見せてきた。

臨海地区には、紙、パルプ、セメント、鉄鋼、非鉄などの重化学工業の工場が建ち並び、また北海道に向かうフェリー埠頭がある。加えて陸上自衛隊駐屯地と海上自衛隊の航空基地がある。

さらに南には日本でも有数の水揚げを誇る漁港があり、それが八戸らしさを漂わせている。八戸漁港は1966年から3年間、全国水揚げ第1位を記録した。また1988年の水揚げは81万トンを記録した。2014年には14万トンと以前に較べて勢いはないが、それでも全国第4位をキープしている。漁港の横には水産加工の工場も建ち並び、冷凍倉庫などの施設は全国でもトップクラスである。

そして鉄道沿いに商業施設が続き、丘陵地帯には住宅地や学園都市、また内陸工業団地には、ソフトウェア、精密機械、電子部品などの企業集積がなされている。

また東北地方で最大となる年間約500万トンの石灰石を生産する住友金属鉱業の石灰鉱山の露天掘りは必見のスポットとして人気を呼んでいる。

さらに南部氏の居城跡である根城や、国宝の赤糸威鎧、白糸威褄取《つまどり》鎧（いずれも南北朝時代の鎧）がある櫛引八幡宮などの歴史的資産を持ち、数々の文化施設がある。さらに近場には緑豊かな自然公園も豊富にある。地方都市としては、極めてバランスの良い発展を遂げてきた街だ。

その八戸は、南北に向かってまだまだ開発可能な土地があり、今後も市街が拡大してゆく可能性を秘めている。これからもさまざまな工場を誘致し、産業都市としての路線を突き進んでゆくべきだろう。

水産業以外の食品産業も盛んで、郊外ではソバ、ブルーベリー、イチゴなどの栽培も盛んである。

今後、そうした農産物のブランド化も八戸の課題だ。

また八戸の北の上北地区は、ハム、ブロイラーなどの畜産業においても高い全国シェアを誇り、酪農も行なわれている。さらには長芋、ゴボウなどの畑作も盛んで、醤油、調味料などの食品工場の立地も多い。こうした周辺地域とも連携をとって、産業都市としてさらなる発展が期待される。

一般に国の産業構造が転換すると、我々は新規投資によって新しい産業を導入しようと努める。その結果、従来の産業に対する投資が減少するが、新規産業が成功を収める確率は高くない。それよりも今まで力を注いできた産業を基軸に、その裾野を広げてゆくということが望まれる。

このように、順風満帆と思える八戸だが、早急に取り組んでもらいたい課題が一つある。駅前の整備事業の推進である。新幹線の駅前もそうだが、本八戸の駅前も寂れた地方都市という感じがする。なんといっても駅は町の顔である。本八戸の駅は、駅前の坂道を上がると市役所の広場がある。その市役所を過ぎてから商店街が始まるが、駅から広場までの一角をどうするかが今後の八戸に問われている（注：２０１５年、ＪＲ本八戸駅が改装され、八戸の玄関の顔が変貌を遂げた。今後は駅前地区の整備に期待がかかるところである）。

観光学術都市弘前市

弘前は、県庁を青森に譲る代わりに、弘前大学（旧制弘前高校）をもらったといわれている。この結果、県内唯一の国立大学は弘前にある。その他、私立の大学が３つあり、県立高校が６つ、他に私立高校や専門学校が何校か立地している。特に弘前大学には医学部が存在するため、他県から多くの若者が訪れる。

ドイツのハイデルベルクではないが、学生が青春時代を過ごす街というのは、快適な街でなければならない。特に弘前にやってきた学生は、弘前公園の桜の下の歓迎会から学生生活が始まるので、思い出深い学生生活を送ることができる。

何処サ行ても、おら達ねだけア　弘前だけアえンたどごア何処ネある！　お岩木山ね守らエで、お城の周りさ展がる此のあづましいおらの街これは福士幸次郎に師事した郷土の方言詩人、一戸謙三が弘前公園で詠んだ詩、「弘前（しろさぎ）」だ。この詩ではないが、弘前に住んで弘前が好きにならない人は珍しい。学生であればなおさらだろう。

学生をはじめ、学校関係者が人口のかなりを占めていることは、弘前市にとっては重要だ。今後も学術都市としての機能を充実させてゆくことが弘前市に求められるからである。企業の研究機関やコンベンションの誘致は弘前市の性格に叶っている。時期を逸してしまったが、できれば東奥義塾高校にも大学が欲しい。弘前大学の敷地も狭くなってしまった。弘南鉄道沿線に、もう一つ大学のキャンパスを作って、各研究機関を誘致したいところだ。

一方、観光は弘前市の第2の柱である。城下町弘前には桜とお城で有名な弘前公園をはじめとし、市内各地に神社仏閣がある。重要文化財の長勝寺、革秀寺、最勝院五重塔、岩木山神社などだ。また武家屋敷や商家、蔵造りの建物も残っている。さらには明治時代の木造洋風建築、煉瓦造りの家、前川國男設計の建築物が市内のあちこちにある。市内観光ではそうした建築物や店のマップがつくられている。また太宰治の下宿や寺山修司の出生地など、文学にまつわる名所、旧跡があちこちにある。

そんな弘前で問題なのは、大規模コンベンションや修学旅行生などを受け容れる体制が整っていないことだ。ホテルなどの宿泊施設はそれなりにできたが、団体を受け容れるまでいっていない。なにより駐車場が不足している。弘前市で一番困るのは、大きな駐車場がないという問題である。これは空襲がなかったために、古い街がそのまま残り、モータリゼーションへの対応がおくれたことが原因である。歩けば楽しいのだが、車では不便となる。

最近は区画整理で道路事情はかなり改善されたが、施設の隣に大きな駐車場がない。市内のあちこちに、虫食い的な駐車場があるが、必要なのはバスが何台も停車できる巨大駐車場なのだ。

次に文化財の管理という問題も残っている。市では弘前公園を除いて文化財の管理にあまり予算を計上していない。そのため、崩壊寸前の状態に放置されている文化財もある（注：近年弘前市は文化財の修復に力を注ぎ始めた）。

また、観光資源が分散しているというのも問題だ。弘前の文化財は、弘前公園を除けば、他県を上回るものはない。お寺は京都に勝てないし、近代建築は東京に勝てない。そしてその施設が市内のあちこちに分散している。

ここは時間のない団体客に向けて、文化財を集積させるという施策が必要であろう。つまり明治村や倉敷のように、一つの場所に集めて美観地区をつくるのだ。明治村や倉敷には日本全国から修学旅行生が訪れている。

とはいえ、神社仏閣を移すわけにはいかないだろう。つまるところ洋風建築や博物館を観光館周

上　弘前城
下　桜と岩木山

辺に移築するという発想が必要なのである。美観地区と弘前公園が合体すれば、それこそ通年で観光客を呼び寄せることが可能となるだろう。

これ以外にも、まだまだ弘前が発展してゆく道はある。

たとえば防衛省関連施設を誘致するというのもそのひとつだ。かつて弘前には第八師団があった。現在も陸上自衛隊があるが、国防研究機関のようなものを弘前に誘致してはどうだろうか。

また内陸型の企業誘致はさらに推し進めるべきだろう。弘前の誘致企業は、キヤノンプレシジョンをはじめとして優良企業ばかりである。工業団地にはまだ土地が空いており、そこにハイテク企業が集積されれば、一層の人口増につながるだろう。電子関連だけでなく、医学部があるのだから医薬品関係の企業も誘致したいところだ。

また、かつて木村知事は「ファッション甲子園」を企画して、アパレル産業の誘致を試みた。これも継続して行なうべきだろう。アパレル産業は、文化の街弘前に合っている。弘前には感じの良いブティックがたくさんあるが、この際地元で生産するようにしたらどうか。

そして最後は、出版、映像、音楽、芸能関連の産業が興ればなおさらよい。最近は「りんご娘」など、タレントプロダクションもできつつある。なかなか全国に殴り込みをかけるのは難しいだろうが、そうした産業育成に市はもっと取り組むべきだ。打ち上げ花火のイヴェントは民間に任せ、市は産業にこそ投資すべきだ。

最後に一言、弘南電鉄の問題について意見を述べさせてもらう。これは絶対なくすべきでない。なくすどころか、私などは大鰐線を工業団地まで延伸させるべきと考えている。地下鉄にして黒石線と繋げてもよい。百年の計で考えると、弘南電鉄は弘前にとってかけがえのない財産となるはずだ。今は旧東急の車両が走っており、鉄道ファンも押しかけている。中央弘前駅も風情のある駅舎として観光名所となりつつある。単なる私鉄としてとらえるのではなく、観光資源としてとらえる必要がある。

いずれにせよ、弘前はこれからも多くの人を惹きつける街であり続けるだろう。

エネルギー基地むつ市

この本の最後は、やはり下北半島の要、**むつ市**について語って終わりにしたい。私にとって思い出深い街だからである。

で、このむつ市だが、もともとは軍港のあった**大湊**と**田名部**が戦後に合併してできた街だ。市のすぐ隣には標高879メーターの釜臥山《かまぶすやま》があり、そこはレーダー基地となっている。大湊からは地形的に珍しい砂嘴が見え、砂嘴によって囲まれた湾に海上自衛隊の巡洋船が停留している。一方田名部は商業の町で、かつては西廻り航路によって北前船が往来していた。

北前船が来訪するため、この地には津軽からもたくさんの人が流入してきた。藩政時代は陸路を通じての往来は厳しく制限されていたため、海が津軽と下北を結ぶルートとなった。交流の痕跡は、下北地方で古くからねぶたが行なわれてきたことからも伺え、また近江、越前、越中、越後からの移住もあった。北方交易に力をそそいだ加賀の大商人銭屋五兵衛の支店も置かれていた。

さらに明治、大正期には、津軽の農家から養子としてくる子どもたちがかなりいた。かつて私は、東通村で開かれた県の高校駅伝大会の応援に行ったことがあったが、その時、村のある集落で住民に話しかけられた時、それが津軽訛りであることに驚かされた。が、こうした集落は下北半島のあちこちに存在する。

これとは逆に、南部から流入した文化が下北半島に点在する。田名部には代官所も置かれ、南部藩は三つの牧を下北半島内に置いて馬の繁殖、育種に力が注いだ。

江戸後期から幕末には数百人の南部藩士が下北半島沿岸に配置され、対ロシアの北方警備にあたっている。田名部祭は山車を特徴とするが、これは八戸の三社大祭の系統で、この他、南部経由の文化として東通村の田植え餅つき踊りなどが残っている。

また会津藩の斗南転封によって多くの旧会津藩士が下北にやってきたことが、下北の文化をさらに多様なものとした。

さらに注目したいのは、軍港大湊の存在だ。明治以来、日本全国から数多くの軍人が大湊に赴任し、中にはここに住み着いた人もおり、彼らがまたこの地に独特な文化を持ち込んだ。今は自衛隊や原発施設で働く労働者がむつ市に新風を吹き込んでいる。

このように、むつ市は多様な文化が混じり合う地域だった。下北弁（かさまい弁）が、いわゆる南部弁といささか異なる理由は、こうしたさまざまな地域との交流によるものと思われる。

振り返ると、そもそもむつ市とその周辺は、明治以来開発に取り残された秘境であった。戦後になってこの地域の開発が県の課題となり、下北に精糖事業を興す話が持ち上がる。県はフジ製糖を誘致して甜菜の栽培を始めるが、工場が建設されて稼働を始めた直後に外国産砂糖が流入、フジ製糖はあっけなく撤退した。この後青森県は、下北の砂鉄を原料にした製鉄製鋼一貫工場（むつ製鉄）を作ることを計画するが、政府の認可が下りて砂鉄を輸送する鉄道（南部縦貫鉄道）まで作ったところで、鉄鉱石価格の下落が始まり、これも１９６５年の閣議で事業化断念が決まった。

この間別なプロジェクトが持ち上がるが、これが原子力船むつだった。63年に建造が決まり、68年に着工、これと平行して行なわれたのが、69年の新全総の閣議決定だった。70年には東通村に原子力発電所を建設することが発表され、その翌年、１５０社が出資する三セク「むつ小川原開発会社」が作られたのである。結局、開発に対する地元の反対運動が盛り上がる中、会社はむつ市の南に位置する六ケ所村に７９００ヘクタールの開発用地を確保するが、これにより立ち退きを余儀された人は１８００人に及んだ。

当初、石油コンビナートを建設する計画だったが、なかなか企業はやってこず、実際にできたのは、85年に完成した石油備蓄基地だけだった。15年かかって石油タンクが51基できたのである。当時、石油備蓄基地の前の弾丸道路は暴走族のレース場と化し、一度白バイがそれを追いかけ、隊員の方が空中に飛んで死ぬ事件が起こった。

こうしてむつ小川原開発はまたも頓挫の様相を呈し始める。83年になって当時の中曽根首相が

「下北半島を原子力基地にする」と発言、翌年、電事連が六カ所村に核燃施設をつくることを県に要請した。そして現在、六カ所村には日本原燃本社再処理工場（運転試験中）、ウラン濃縮工場、MOX燃料加工工場、低レベル放射性廃棄物埋設施設、高レベル放射性廃棄物貯蔵管理センターが建っている。この他、放射性物質等を陸揚げするむつ小川原港へは、専用道路が繋がった。

私が横浜町に住んでいた頃、その開発用地はまだ荒涼とした原野で、よく狸やウサギが出没していた。県議会に計画が上程される前から用地買収が行なわれ、国道279号線沿線のドライブインには、毎日面白くなさそうな顔をした役人がたむろしていた。今目を瞑ると、買収用地内に壊れかけた無人の保育所がぽつんと建っていたのを思い出す。

その後核燃料サイクル基地と東通村の原子力発電所が稼働し、両村には多数の風力発電機や太陽光パネルが建設された。そしてむつ市が新たな中間貯蔵施設の候補地として名乗りを上げ、現在使用済み核燃料中間貯蔵施設が建設されている。そのむつ市の貯蔵施設に運ばれるのは、計画によれば使用済み核燃料約5000トンであるということだ。

一方、原子力船むつのほうは、74年に放射能漏れ事故を起こして帰る場所を失い、長い話し合いの末に新母港としてむつ市関根浜港が決まった後、四度の航海で出力上昇試験を行ない、そして1992年にすべての航海を終了し、廃船となった。

してみれば、むつ市の未来は、これら原子力施設如何に掛かっているとしか言いようがない。私も後十年生きて、それらの施設がどうなっているか見届けてから死にたいと思う今日この頃である。

あとがき

はじめに書いたように、青森はさまざまな意味で「おくれ」ている。
しかし「おくれ」ているからこそ残った良さ、そして「おくれ」たからこそ描ける未来への展望、そうしたものがあるのではないだろうか。

この本を書きながら、私はそうした思いに捕らわれた。また、さまざまな地域おこしの動きを整理する過程で、この青森を愛し、ここで頑張っている人たちをたくさん知ることもできた。

たしかに今もって青森は〝貧しい〟。しかし、これだけ豊かな自然と文化があり、面白い奴がいっぱいいる青森は、結構快適な土地ではなかろうか。そう思うようになったのである。

なにしろ青森では金がなくても結構人生を楽しめる。ここの人間は資本の論理で生きてはいない。
東京では簡単に聞けなくなった古いジャズが聞け、大きな劇場にかからない映画も見ることができる。そんなわけで、今日も二〇〇円の温泉につかりながら、私は思わず呟いてしまったのだ。

「あー、なんぼあずましば、青森さ生まれでいがった」

[著者紹介]

福井次郎（ふくい・じろう）

1955年青森県生まれ。早稲田大学第一文学部卒。現在青森県在住。著書に『映画産業とユダヤ資本』（早稲田出版）小説『暗門の祈り』（津軽書房）『『カサブランカ』はなぜ名画なのか』（彩流社）『マリリン・モンローはなぜ神話となったのか』『「戦争映画」が教えてくれる現代史の読み方』『1950年代生まれの逆襲』（言視舎）などがある。

装丁………山田英春
DTP制作………勝澤節子

[増補・改訂版]

青森の逆襲

〝地の果て〟を楽しむ逆転の発想

発行日❖2016年1月31日　増補・改訂版第1刷

著者
福井次郎

発行者
杉山尚次

発行所
株式会社言視舎
東京都千代田区富士見2-2-2 〒102-0071
電話 03-3234-5997　FAX 03-3234-5957
http://www.s-pn.jp/

印刷・製本
㈱厚徳社

ISBN978-4-86565-042-6 C0336
JASRAC出1515494-501